光文社知恵の森文庫

伊東　明

「聞く技術」が人を動かす

ビジネス・人間関係を制す最終兵器

光文社

プロローグ――すべては「聞く」ことからはじまる！

もっとも身近であり、だれもが日々数時間から十数時間を費やしている活動でありながら、驚くほど十分になされていない、また驚くほどその深淵《しんえん》が知られていない活動――あなたはいま、「聞く」という世界への扉を開こうとしている。

あまりにも身近で無意識になっているぶん、扉の向こうには、まさに「目からウロコ」の未知の世界が広がっていることに驚嘆《きようたん》するにちがいない。

「聞く」ことについての本であれば、まずは「聞くことがいかにたいせつか」という話を第1章として据《す》えるのがふつうかもしれない。当初は私もそのように考えていた。

だが、それはやめた。

なぜなら、聞くことがいかにたいせつかなど、ほんとうのところ、だれもが心の奥底では十分にわかっていると思ったからである。そうであれば、「一刻も早く今すぐ実践《じっせん》できる技術を教えてほしい」と読者の方は思うのではないか。少なくとも私だったらそう思う。

よって、そういった話はプロローグとしてごくごく簡潔にまとめるだけにした。だから、ここは読み飛ばしてくださってもかまわない。技術を早く知りたい方は、いますぐページを先へとめくってほしい。逆に、最後にこの部分を読んでいただいたほうが、ここで言わんとすることを、より深くご理解いただけるのではないかとさえ思う。

では、聞くことのたいせつさ、つまり「十分に聞けた」とき、どんなに素晴らしいことが起こるかをかんたんにポイントにまとめてみよう。

◎会話をすることがラクになる

「人との会話が苦手」という人は多い。だが、その原因は単純だ。「おもしろい話や興味深い話をしなければ」と思っているからである。こんなふうに前フリをして、展開して、オチをつけて……と、いちいち考えていたら苦手意識を持つのは当たり前だ。

聞く技術さえあれば、「自分が会話をリードしなきゃ」というプレッシャーから解放される。相手のほうからどんどん口を開くようになり、それでいて「話していて楽しかった」とこちらに好印象まで持ってくれる。聞く技術さえあれば、もう会話を恐れる必要はないのだ。

◎相手が楽しい気持ちになる

自分の話を十分に聞いてもらって、うれしくない人などいない。

◎自分も楽しい気持ちになる

十分に聞くことができれば、会話はかならず盛りあがる。盛りあがれば、自分も楽しくなる。

◎ほしい情報、有益な情報がどんどん入ってくる

自分がしゃべっているかぎりは、新しい情報を得ることはできない。聞けば聞くだけ、新しい情報が入ってくる。

◎人から好かれるようになる

「聞き上手は人に好かれる」は、もう耳にタコかもしれないが、まぎれもない真実だ。自分の話を十分に聞いてくれた人に対し、好印象を持たないことなどありえようか。

◎相手をより深く理解できる

相手の話を聞きもしないで、相手を「決めつける」クセが私たちにはある。ちゃんと話を聞かなければ、相手のことなどわかるはずがない。聞けば聞くだけ、相手の本音やほんとうの姿が見えてくる。

◎共通点がなくても、盛りあがることができる

先の項目と共通しているが、聞く技術さえあれば、とにかく相手の話を聞いていればいいので、相手がどんな人物だろうと、どんな職業だろうと、どんな年齢だろうと、スムーズな会話が成立してしまう。

くりかえすが、会話を難しく感じるのは、自分が会話を組み立て、自分の枠組みに相手をはめこもうとするからなのである。

◎相手の心がラクになる

悩み、愚痴《ぐち》、悲しみ、苦しみなどは、言葉として外に吐きだすだけで、ラクになる。

◎相手に「気づき」が起こる

人は話しているうちに、自分の考えが明確になってくる。しゃべっているうちに、「おれ、こんなふうに考えていたんだ」と自分自身で驚いてしまう経験はよくある。

相手の話を聞くだけで、こんなに素晴らしいことが起こる。それなのに私たちは、たとえばつぎのような悪いクセでもって、聞くという大事な行為をおろそかにしてしまっているのではないだろうか。

（すべて、相手の話を最後まで聞かないうちに）

×話の腰を折る　「そんなことよりさあ……」

×説教モードに入る　「そんなこと言ってるから、きみはダメなんだよ」

×アドバイスモードに入る　「だったら、これこれこうすべきだよ」

×上からものを言う　「ビジネスなんだから、そんなことは当然だよ、きみ」

×勝手に結論づける　「それって、こういうことだろ」

×知識をひけらかす　「ああ、それなら知ってるよ」

×相手の気持ちを否定する　「そんなふうに感じるのはおかしいよ」

×結論を迫る　「いったいなにが言いたいわけ？　はっきりしろ」

×相手をしらけさせる　「そんなことで喜ぶなんて、子供だなあ」

×自分の話に無理やり持っていく　「おれはね、おれはさあ、おれ、おれ……」

では、なぜ、私たちはこんな悪いクセでもって、人の話を聞いてしまうのであろうか？

たとえば、つぎのような原因が考えられる。

×聞くより、話すほうが楽しいから

「聞く」より「聞いてもらいたい」という気持ちのほうが、人には強く具《そな》わっている。

×自分自身、人に話を十分に聞いてもらっていないから

「聞いてもらえた経験」がないので、人にもおなじことをしてしまう。

×プライドが許さないから

「人の話を聞くこと＝自分より相手のほうが上だと認めること」だと勘違いしている人が多い。とくに〝目下〟に対してはそのような気持ちになるものなので、地位や年齢が高くなるほど、このワナに捕らわれてしまう。

×「つぎになにを話そうか」と考えているから

相手が話しはじめると、すべて聞かないうちから、「つぎになにを話そうかな」、「どんなコメントを返そうかな」といった〝ネタの仕込み〟がはじまり、上の空になってしまう。また、相手の話に対する〝自分の感想文〟を作るのに忙しくなって、自分の意識のほうに集中力がいってしまう。

×経験則に頼っているから

いまの世のなかにおいて、「聞く技術」を学べる機会など、まったくと言っていいほどない。だから、経験からしか学べない。

経験で学んだことももちろん貴重だが、きちんとした理論やテクニックの裏づけがなければ、〝悪いクセ〟をなかなか直すことができない。相手によって、聞けたり、聞けなかったりするのは、確固たる技術が身についていないからである。

さあ、「聞く」という行為を多少なりとも見つめ直していただけただろうか。

本書では、聞くことについての、〝無意識のパターン〟や〝悪いクセ〟をとりあげながら、「聞き上手」どころか「話を聞く達人」となってもらうべく、さまざまな実践的技術を紹介していく。

その技術とは、カウンセリング、コーチング、社会心理学、コミュニケーション学などに裏づけされた確固たる技術である。

だが、学問的なことなどちっとも意識する必要はない。小難しい理論や理屈は極力排し、

〝OKダイアログ・NGダイアログ〟や具体的なセリフでもって、〈すらすらとわかる＋すぐに使える〉内容を心がけた。

私は数々の説得テクニックや交渉術なども研究しているが、ほんとうに正直なところ、聞く技術ほど「かんたんで、使える」テクニックはないと思っている。

聞く技術を身につけ、実践することで、あなたにもそれを実感してほしい。

また各章の最後に、その章で学んだことのポイントをあげておいた。本書をひととおり読み終えた後も、ここだけはつねに目を通して、自分の悪いクセなどをチェックしてもらいたい。

本書を手にとってくださったあなたが、聞く技術によってさまざまな成功を勝ち取ることを願っている。いや、なにも私などが願わなくとも、聞く技術さえあれば、あなたは当然のごとく成功をおさめることだろう。

二〇〇一年一月

伊東　明

「聞く技術」が人を動かす　目次

2章 基本編Ⅱ 信頼を勝ち取る心理テクニック……73

4章 実践編Ⅰ 相手が言いにくい・自分が聞きにくい話をどう聞く？ 147

5章 実践編Ⅱ 性別・年齢・性格のちがう人の話をどう聞く？ 195

6章 実践編Ⅲ あくびが出そうな話・耳障りな話をどう聞く？ 225

取材・構成／溝口 努
本文イラストレーション／斎木磯司

1章

基本編Ⅰ

会話を豊かにする基本テクニック

さあ、これから基本的な「聞く技術」を、1章から3章にかけて少しずつマスターしていこう。

「なにやら難しい理論による解説がはじまるのでは？」などと身がまえる必要はまったくない。これから紹介する技術は、じつは、あなたがふだん、無意識のうちに使っている・使われているものばかりだからである。

だが、それらを再確認すること、系統立てて理解すること、実践での活用法を学ぶことによって、意識的・効果的に使えるようになる。そうしてあなたは、日常のなにげない会話のなかで、自分がコミュニケーションを豊かに楽しくするための、ものすごい武器を手にしていることに気づくだろう。

(1) 話を広げる、狭める

答えが決まっているか、いないか

人にものを聞いたり、なにかを尋ねるとき、質問の仕方には「オープン・クエスチョン」と「クローズド・クエスチョン」の二つがある。例をみてみよう。

●――**オープン・クエスチョン**

「好きな果物はなんですか？」

↓

「リンゴ」や「ミカン」、「ブドウ」など、さまざまな答え方ができる。

「なにが食べたいですか？」

↓

自分が食べたいものを自由に答えることができる。

●――**クローズド・クエスチョン**

「リンゴは好きですか？」

↓

「はい」か「いいえ」という答えになる。

「きみはラーメンとカレー、どっちが食べたい？」

↓

「ラーメン」か「カレー」という答えになる。


例をビジネスの場に移してみる。たとえば、

「このプロジェクト、引き受けてくれるかね？」

との質問は、クローズド・クエスチョンだ。答えは「引き受ける」か、「引き受けない」かのどちらかだからである。つまり、あらかじめ決められた答えのなかから、どちらかを選択して答えさせているのだ。


それに対してオープン・クエスチョンは、相手がどう答えるかが決まっていない質問である。聞かれた相手はどんなふうに答えてもいい。たとえば、

「このプロジェクトの進め方について、きみはどんなふうに考えているの？」

というぐあいだ。

ほかにも、アポイントメントをとるとき、

「今週の金曜日は空《あ》いていますか？」と聞くのはクローズド、

「いつにしましょうか？」と聞くのがオープン。

「なにかミスでもあったのかね？」と聞くのがクローズド、

「どうしてあたふたしているんだい？」と聞けば、オープン・クエスチョンとなる。

会話が広がるオープン・クエスチョン

まず基本的に、オープン・クエスチョンで質問したほうが、相手が自由な発想で答えることができるため、〝会話が広がりやすい〟という利点がある。

×NGダイアログ

A「先方の担当者って、いくつぐらいの人？」［クローズド］
B「そうだな、四〇代後半ぐらいかな」
A「やさしい人？　それともきびしい人？」［クローズド］
B「うーん、まあ、どっちかっていうとやさしいほうかなあ」
A「へえ、そうなんだ」

◎OKダイアログ

A「先方の担当者って、どんな感じの人？」［オープン］
B「そうだなあ、ていねいな感じの人だと思うよ。応対がすごくいいんだ」

A「へぇ～、そうなんだ。どんなふうに応対してくれるの？」［オープン］
B「まずね、こっちの提案をしっかり最後まで聞いてくれるんだよ。途中で口をはさんだりしないでさ。しかもそのときにね……」（Aはその担当者の人物像が明確になってくる）

とくに、上司―部下、先輩―後輩などの序列がはっきりしているシチュエーションでは、目上の者は目下の者にクローズドの質問ばかり投げかけてしまいがちなので注意したい。

×「最後までやり通すことができるのか？」
×「絶対に契約を取れると言いきれるのか？」
×「このプロジェクトは見直すべきか、進めるべきか？」

こう言われたほうは、「ええ、まあ」「いやあ、どうでしょうかね」「うーん……（そんなのすぐには答えられないよ）」などとしか答えようがない。
部下の言うことなどに聞く耳を持ちたくない、部下のやることなど信用できないといった前提があると、どうしてもクローズドなアプローチしかできなくなってしまうのである。

逆に、部下の自由な意見や独創的な発想をほんとうに聞きたいと思えば、オープン・クエスチョンが自然と出るようになる。

◎「どのようにすれば最後までやり通すことができるだろう？」
◎「契約を取るためには、どんな条件がさらに必要だろう？」
◎「このプロジェクトを今後も進めるとしたら、改善すべき点はどこにあるだろう？」

オープンとクローズド、どちらのタイプの質問をするかによって、相手はまったくちがう答えをあなたに示してくれるのである。

答えにくい「漠然《ばくぜん》とした」質問

ただし、なんでもオープンで聞けばいいというものでもない。

×NGダイアログ
A「なあ、この連休はどうだった？」「オープン」
B「いやぁ、とくに……ふつうですよ」（どう答えていいかわからないよ）

A「ああ、そう」(なんだ、つまんないヤツだな!)

このようなきわめて漠然とした質問を投げかけてしまい、相手から冷めた反応が返ってきた経験はあなたにもあるのではないだろうか。

聞かれた側の立場になってみれば、聞き手がなにを知りたいのかよくわからないし、なにをどうしゃべればいいのかもわからない。「〝どうだった?〟って言われてもなぁ……」と心のなかで戸惑うばかりだ。

このような場面ではクローズド・クエスチョンを使って、相手が答えやすい聞き方にしてあげる。

◎OKダイアログ

A「連休はなにか楽しいことあった?」[クローズド]

B「うん、まあ、そうだなあ……」(ちょっとうれしそうな感じ)

A「えっ? どんなことがあったの?」[オープン]

B「いや、べつにたいしたことはしていないんだけどさ」

A「どこか遊びに行ったの? それとも家にいたの?」[クローズド]

Ｂ「ずっと部屋にいたんだけど、やっと満足できるホームページが完成したんだよ」
Ａ「へぇ〜。充実した過ごし方だったね」

では、ビジネスの話題ではどうだろうか。
新入社員と担当上司の会話であるが、つぎにあげる会話のどこに問題があるか、あなたはもうすでにおわかりだろう。

×NGダイアログ

上司「どうだい、この仕事は？」
部下「はぁ、そうですねぇ……」
上司「なんだ、なにか問題でもあるのかね？」
部下「いいえ、そんなことはないです！」
上司「なんだ、じゃあどうなんだい？」
部下「ええ、いや、ですから……」
上司「はっきりしたまえ！　そんなことではウチの部署ではやっていけないぞ！」

もうひとつ例をあげよう。報告書に目を通す上司と、それを作成した部下の会話だ。

×NGダイアログ

上司「なあ、きみはこの数字、どう思う？」
部下「はい。まちがっていないと思います」
上司「ああ、そりゃまちがってちゃ困るけど……どうなのかな？」
部下「どう、といいますと……」
上司「いや、だからさ、いいのかなこれで、ってことなんだよ」
部下「ええ、まあ、だいじょうぶだと思います」
上司「だいじょうぶなんて軽く言うけど、どうなんだろうね」
部下「はぁ……」
上司「なんだよ、ちゃんと答えてくれなくちゃ困るよ」
部下「と、おっしゃいますが……」
上司「なんだそんなに自信がないのか！　だったらもう一度やり直しだな」
部下「ええっ⁉」

徹頭徹尾《てっとうてつび》、オープン・クエスチョンで、わざわざなにをどう答えていいかわからない聞き方をしておきながら、部下が答えに詰まっていることに上司はいらだっている。

このように、まるで独り言のような「どうなのかな」とか「どうなんだろうね」がログセになっている人は多い。

曖昧《あいまい》な質問をしていることに気づかないまま、明確な答えを示せ、と相手に強制している矛盾に注意する必要がある。

◎OKダイアログ

上司「どうだい、この仕事は？　苦労している点とかあるかい？」［クローズド］

部下「ええ、ないといったらウソになりますね」

上司「そりゃそうだろうねえ。で、どんな点で苦労しているんだい？」［オープンだが答えやすい聞き方］

部下「お得意さまへのあいさつ回りのときにですね、スムーズに会話が運ばないんですよ。たとえば、このあいだも……」

◎ＯＫダイアログ

上司「(予算を指さして) どうだろう、この数字、きみは自信を持っているかな？」［クローズド］

部下「はい、だいじょうぶだと思います」

上司「そうか。でも、私にはちょっと不安な点もあるんだ。どんな根拠があるのか、きみの考えを具体的に教えてくれるかね？」［オープンだが答えやすい聞き方］

部下「はい、第一にですね……」

オープン＆クローズド　四つの使い分けパターン

これらの「オープン」と「クローズド」は、状況・質問の内容・予期される回答などによって、臨機応変に使い分けることがたいせつだ。組み合わせ方によってつぎの四つのパターンがあることを覚えておこう。

一、クローズド↓クローズド

二、オープン↓オープン

三、クローズド↓オープン
四、オープン↓クローズド

●パターン1「クローズド↓クローズド」

×NGダイアログ
上司「仕事にやりがいを感じている？」［クローズド］
部下「はい」
上司「業務内容に不満はある？」［クローズド］
部下「いいえ、とくにありません」
上司「部内での人間関係は円満かね？」［クローズド］
部下「ええ」
上司「では、現状のままでとくに問題はないということだね？」［クローズド］
部下「ええ、まあ」

最初から最後までクローズド・クエスチョンで聞くスタイルは、聞かれる立場になってみるとひじょうに威圧感《いあっかん》、圧迫感《あっぱく》、息苦しさを感じるものだ。

イエスかノーかでしか答えられないため、自由に意見は言えないし、上司に試されているような気もしてくる。まるで警察の尋問《じんもん》のようなやり方である。

●――パターン2「オープン→オープン」

このスタイルは堅苦しい会話ではなく、ブレーンストーミングのような場やアフターファイブの居酒屋での会話などに適している。

ひとつの結論に収束《しゅうそく》していくことはないが、飛び出す話題の量はとても豊富で、場が盛りあがることが期待できる。とくに明確な結論や回答など必要ないときには、このパターンで会話を進めるといい。

◎OKダイアログ

A「おまえさ、例の彼女とどうなの？」［オープン］

B「なんだよ、どうなのって言われてもなぁ」

A「いいじゃないかよ、言えよ～。けっこう美人だって聞いたぜ」

B「そっかぁ？　おまえのほうこそどうなんだよ」［オープン］

A「おれか？　まあ、ボチボチだよ」
B「それじゃ、わかんないだろ〜！　どんなコとつき合ってるんだよ？」［オープン］
A「へへへー。知りたい？」

ところが、まだおたがいのことをなにも知らないうちからオープンで聞くと、なかなか話が盛りあがらない。

×NGダイアログ
A「あのう、趣味とか、なんですか？」［オープン］
B「え？　趣味ですか……趣味ねぇ」
（ほんとうはいろいろあるけど、なにをどう答えようか困るな）
A「はあ……」（なんだよ、趣味もないのかよ、つまんねーヤツだな！）

●──パターン3「クローズド→オープン」

初対面の相手やまだうち解けていない相手から話を聞きだすときは、最初にクローズド・クエスチョンを使って、回答の範囲を狭めてあげれば、相手はグッと答えやすくなる。

◎OKダイアログ

A「Bさん、スポーツはやりますか？」［クローズド］

B「いや、スポーツは苦手ですね」

A「じゃあ音楽は好きですか？　それとも他になにか？」［クローズド］

B「ああ、音楽はけっこう好きなんですよ」

相手が音楽には興味がありそうなことがわかった。さらに話を深めていくには、オープン・クエスチョンに切り替えてみる。

A「ふーん、どんな音楽がお好みなんですか？」［オープン］

B「そうですね。あまり最近の日本のポップスとかは聴かないですね」

A「そうなんですか。じゃあ、ロックとかジャズですか？」［クローズド］

B「どちらかというと、ジャズですね」

A「ぼくはくわしくないのでうかがいたいんですけれど、ジャズってどんなところが

オープン ⇒ オープン

クローズド ⇒ クローズド

オープン ⇒ クローズド

クローズド ⇒ オープン

オープン＆クローズドを臨機応変に使い分けることが大切

いいんですか？」［オープン］

B「ジャズはいいですよ！　そうだなぁ、ジャズの魅力っていうのはね……」

（楽しそうに語りはじめる）

このように、オープンとクローズドを二段構えにしてみると、相手が話したがっている話題にいきつくことができる。

●——パターン4「オープン→クローズド」

最初はオープンで、会話が進むにしたがってクローズドで聞くパターンは、会議の場などに向いている。まずはじめに参加者全員の意見を自由に出してもらい、会議の終盤に、

◎「では、方針としては、こういうことでよろしいですか？」

というぐあいに結論へ収束していく。最終的には、

◎「A案とB案のどっちでいきましょうか？」

とクローズドで聞くと、全員が納得したかたちで結論を導きだすことができるだろう。

◎OKダイアログ

議長「じゃあ、今日はまず、どんなことでもいいから自由に意見を出してもらうか。たとえば、山下君はどんな意見を持っているの？」［オープン］

～

議長「今までの意見をまとめてみると、大きくA案とB案の二つに分かれるようだね。では、A案に賛成の人、まず手を挙げてみてくれるかな？」［クローズド］

(2) 話を深める

会話が盛りあがらない理由

×NGダイアログ

上司「きみ、昨日の巨人戦観た？」
部下「いえ、観てません」
上司「巨人ファンじゃないんだ？」
部下「ええ」
上司「野球、好きじゃないの？」
部下「いや、好きですよ」
上司「ふーん。サッカーは？」
部下「サッカーもいいですね」
上司「あ、そう……」

このように会話が盛りあがらないという事態は、表面的な会話に終始し、ひとつの話題を深く掘り下げていかないことによって起こりやすい。

そもそも会話は〝キャッチボール〟にたとえられることが多い。相手の言葉を受けて、そのうえで的確な質問を返す。それについて答えて、また質問して……というぐあいだ。

同時に、話題は浅いところから深いところへ流れこみ、また浅瀬へ浮上して……という起伏も必要となる。なにかひとつのテーマがあれば、浅い話から深い話へと進み、それ以上話題が出てこなさそうなタイミングを見計らってつぎの話題へと移っていく。こうして会話は盛りあがりながら展開し、よどみなくつづいていくのである。

◎ＯＫダイアログ
上司「きみ、昨日の巨人戦観た？」
部下「いえ、観てません」
上司「野球は好きじゃなかったかな？」
部下「いえ、好きですよ」
上司「どこのファンなの？」
部下「ホークスなんですよ」
上司「ああそうなんだ。好きな選手とかいるの？」
部下「そうですね、やっぱり小久保とか、ベテラン選手は応援したくなりますよね」
上司「そうだよね、ああいう選手にはいつまでも活躍してほしいよね。そういえば昨日の試合も……」

相手が自然に話しだすためのキーワード

話を深めるコツをひと言でいうならば、「それについてぜひとも話したい！」という相手の乗ってきそうな話題を探り当てることである。

もちろん、読心術のように相手の心を読みとろうなどと、難しいことを言いたいのではない。相手の話したいことが自然に出せるよう、浅い話から深い話へと進んでいくように、あなたが話題のガイド役を務めてあげればいいのだ。

そこでたいせつなポイントは二つ。

▼「相手が話したいのは、きっとこんなことだろうな」とつねに意識する。

▼「つぎの話題へ移る前に、なるべくこの話を深めよう」とつねに意識する。

この二つを頭の片隅においておくだけで、会話の質はまちがいなく高まる。さらに、話を深めるきっかけとなるセリフを、タイミングよくくりだしてあげるといい。

◎ＯＫダイアログ

先輩「この前の連休、どこか出かけたの？」

後輩「ええ、まあ」

先輩「どこに行ったの？　海外？」
後輩「ハワイに行ったんですよ」
先輩「そうなの！　楽しかった？」
後輩「ええ！　ハワイは四度めですが、ほんとうにリラックスできて、最高ですね」
先輩「とくにどんなところがいいの？」
後輩「そうですね、食事がおいしいことですかね。それに、買い物も楽しいですよ。日本で買うよりなんでも安いですから」
先輩「今回はどんなものを買ったの？」
後輩「スポーツブランド……たとえばナイキとか、やっぱり向こうで買うと安いんですよ。日本には入ってこないモデルも手に入りますし」
先輩「ナイキが好きなんだね？」
後輩「そうですね、けっこう昔から好きなんですよ」
先輩「ナイキのどんなところが気に入ってるの？」
後輩「う〜ん、やっぱり有名スポーツ選手が、けっこうスポンサードされてますからね。ほら、部長がお好きなゴルフのタイガー・ウッズ。彼もナイキの契約選手なんですよ」

先輩「へえ、そうなのか」

この会話からもわかるように、話を深めるキーワードとしては、つぎのようなものがある。

◎「どんなふうに？」
◎「どんなところが？」
◎「具体的に言うと？」
◎「たとえばどんな感じかな？」

このようなセリフを言われると、「そうか、この話に興味を持ってくれているんだ」「もっとたくさん話してもいいんだ」と相手はうれしくなってくる。

「ふーん」「あっそう」ばかりをくりかえしていては、「これ以上話してはいけないのかな」「この話はつまんないのかな」という気持ちになってしまうものだ。

相手の表情なども参考にしながら（「それについて話したい！」と思うとき、相手はいきいきとした表情をかならずしている）、キーワードを適切なポイントではさんでいけば、会話が盛りあがることはまちがいないだろう。

(3) 話をまとめる

話を深く掘り下げていく技術がある一方、話を上へ上へ、よりコンパクトにまとめていく技術もある。

相手の話があちこちに飛ぶ場合

◎OKダイアログ

A「ちょっと聞いてくれよ。今日さ、朝イチにケータイに電話がかかってきて、取引先に呼びつけられたんだよ」
B「もしかして、例の山本さん？」
A「そーなんだよ！　それでさ、先週提出した見積もり書をポーンとこっちに投げつけて言うわけ。ものすごい怖い顔してね、顔なんか赤くしちゃって、もうほんと、ヤバかったんだぜ。それで、あの見積もりの欠点を、もー細部にわたって指摘してくるんだよ。言い訳不要って感じでさ。ほんとうはいろいろ言いたいこともあったんだけどね」
B「そうなのか。それで、そのとき、どんな気分だったの?」
A「いやあ、つらかったよ。一刻も早く逃げだしたい気分だったね」

仕事仲間と居酒屋に行ったときなど、出てくる話題といえば仕事上の愚痴や、人間関係における不満であることが多いだろう。

愚痴を言いあうのは、ある程度まではストレスの発散になるだろうが、あまり長々とつづくのは、けっして愉快《ゆかい》なことではない。

このほか、

- やたらと饒舌《じょうぜつ》な人の話が長くつづいているとき
- くりかえしが多く、話のポイントがつかめないとき
- 相手が自分でもなにを言っているのかわからなくなりかけているとき
- 短時間でポイントだけを聞きだしたいとき
- 相手の意志を確認したり、気持ちを的確に把握《はあく》したいとき

など話題を整理したいときには、相手の長い話を、相手自身にまとめさせてあげるのが

よい。

つまり、あっちこっちに散らばった話をひとかたまりにしてしまうイメージだ。たとえば、ポイントのつかみにくい相手の話を受けて、

◎「ひと言で言うと、どんな感じなんでしょうか？」
◎「ここいらへんで、いったん話を整理してもらってもいいですか？」
◎「ポイントはこういうことでしょうか？」
◎「では、これまでのお話をまとめてみましょうか？」

などと、〝まとめ〟を促《うなが》すのである。

言葉よりもイメージでまとめる

もっとユーモラスな〝まとめの技術〟もある。たとえば、恋愛にいきづまっている人が、あなたにあれこれ悩みをうち明けたとしよう。

×「それで、どうしたいの？」

×「彼女の気持ちはどうかな？」

などと話を掘り下げすぎると、相手を傷つけてしまうこともある。それに、深く立ち入ったからといって悩みが解決するともかぎらない。

そんなときは、悩む心情を別のイメージに置き換えることで、相手の気持ちを整理してあげるといい。

◎「ねえ、今の状況を映画に置き換えるとどうかな？『今ここにある危機』って感じかな？」

◎「今の心境を本のタイトルにするなら？」

とか、テレビのレポーターのように、ちょっと冗談っぽく、

◎「今の心境をひと言でいうと？」

などと聞いてみることも、場合によっては相手の複雑な思いをまとめあげるきっかけに

なる。

将来の目標や夢を語る人に対しては、

◎「じゃあ十年後のきみを歴史上の人物にたとえると、だれなのかな？」

といった聞き方をすると、案外おもしろい答えが返ってくる。

相手も自分の気持ちを言葉にすることによって、明確な未来像をイメージすることができる。

また、気持ちを色や匂いなどに置き換えて考えさせるのも、高等なテクニックだ。どんなものでもいい。まったく別の感覚に置き換えることによって、抽象的《ちゅうしょうてき》な考えが具体的なイメージとして浮かびあがってくる。これは実際やってみるとわかるが、なかなか楽しいものだ。

◎OKダイアログ

A「おまえのその夢、クルマでいったらなに？」

B「そうだなぁ、国産車というよりもドイツ車のイメージかな。まあ、メルセデスぐらいはいきたいもんだね」
A「メルセデスの高級クラス？」
B「いや、エコノミークラスでも十分だよ。コンパクトで実用的なのがいいんじゃないかな」

たった一枚の写真でも、言葉で説明するのには、たいへんな苦労がいる。気持ちや感情もおなじで、具体的な言葉よりもイメージでまとめあげるほうが容易である。両方をうまく使いわけるといいだろう。

(4) 意見を引きだす

答えやすい質問と答えにくい質問

あなたはふだんの会話のなかで相手にさまざまな質問を投げかけている。しかし、ときには相手が言葉に詰まったり、「今の質問には、うまく答えられないな……」といった表情を浮かべ、会話の流れが一時停止してしまうことがあるだろう。

たとえば、あなた自身、「二一世紀におけるビジネスの展望について述べてくれたまえ」などといきなり言われても即答はできないだろう。

このような一概《いちがい》にイエスともノーとも言えない質問、かんたんには答えが出ない大きな質問を専門用語で「処理質問」という。さまざまな考えを頭のなかで処理しないと答えが導きだせない質問、との意味だ。

逆に、ちょっと思いだすだけで即答できるようなたぐいの質問を「想起質問」という。「昼メシ、なに食べたの？」なんていうのは、もっとも単純な想起質問だ。

複雑な処理を要する質問から、かんたんな想起だけで答えられる質問まで、答えやすさのレベルにはさまざまなものがある。これを意識していないと、徹夜しても答えが出ないような質問を、一秒で返すように強要してしまうことが少なくない。

×「出世したくないの？」
×「やる気はあるのか？」
×「一生サラリーマンでいるつもりなの？」

これらの質問をいきなりぶつけられても、なんとも返事のしようがない。こういった答えにくい質問をするには、段階を踏んで話の内容をあらかじめ深めておく必要がある。

たとえば始業時間直後の午前九時、同僚から、「ところできみは、一生サラリーマンでいくつもり？」と、なんの前置きもなく質問されても、「そんなこと聞かれても困るよ」ということになる。

しかし、アフターファイブの居酒屋で仲間たちと、「仕事はどう？」「なんかイイ話あった？」「結婚とか考えてるの？」などの雑談をしているとき、「ところできみは、一生サラリーマンでいくつもり？」と聞かれれば、話の流れからなんとか答えを見つけだすことができるだろう。

処理質問を矢継ぎ早にぶつけ、相手を困惑させていないかどうか、自分を振り返る必要がある。

まず想起質問でウォームアップ

つい先日こんなことがあった。

ある高校の特別授業に参加したときのことだ。さまざまなジャンルで活躍中の人々を講師として招いて、進学・就職を控えた高校生たちに進路説明を行うというものだった。デザイナー、コピーライター、シェフ、看護婦などに交じって、私も心理学者ということで学校に招かれ、生徒たちを前にして授業を行った。

心理学というと高校生は興味があるものらしく、熱心に授業を聞いてもらえたという手応えを感じることができた。

しかし、授業が終わったあと、ほかの講師たちとの雑談のなかで、高校生たちを批判する声が多く聞かれたのだ。

「いやー、やっぱりいまの高校生って、おとなしいですね」

「いまの若い子らしく、なんか無反応なんですよね」

「そうそう、こっちが質問しても、なにも答えてくれないんだから」

充実した気持ちでいた私は、彼らにどんな質問をしたのかを尋ねてみた。すると、

「将来なにになりたいの？」

「なにかやりたいこと、夢とかないの？」

などという、高校生にとってはじつに答えにくい質問、つまり処理質問ばかりを投げかけていたようなのである。

そんな即答不能な質問で聞いておいて、返事やリアクションがないと、無気力・無感動などと批判したり、「お金に困らなければそれでいいです」と紋切り型の回答をされれば、「夢がない」と批判する大人たち……。

高校生を批判する前に、聞く技術を持っていなかったことを反省すべきなのではないかと感じさせるできごとであった。

私なら、生徒から将来の夢などを引きだしたいのであれば、まずはかんたんに答えられる想起質問から徐々《じょじょ》に話を深めていくだろう。

◎OKダイアログ

A「将来について考えるときってある？」［想起質問］
B「ええ、そりゃまあ、ないこともないですけど」
A「そう。じゃあ具体的にどんなことを考えるの？　たとえば、進学のことと、就職のことだったら、どっちのほうが多い？」［クローズド］
B「どっちかっていうと、やっぱり進学かな。大学を受験するから」
A「そうなんだ、大学に行くことは決めてるんだね」

このように相手が大学進学を志望しているところまで引きだしてから、「志望校はどこ？」「どこの学科を狙っているの？」などと話を深めていくのである。

そこで初めて、「法学部志望ってことは、将来はどんなことをやりたいの？」との処理質問により、「ええ、法律の知識を活かして……」といった「きみは将来なにやりたいの？」への答えが得られやすくなるのである。答えやすい質問でウォームアップをしつつ、答えにくい質問へ徐々に進んでいくというイメージを描けばいいだろう。

おなじようなことが、ビジネスの場面でも言える。若い社員を前にしたベテランが、

×「きみたち、ウチの社でどんなことをやりたいのか、言ってみたまえ」

と処理質問で聞いても、聞かれたほうはなんと答えていいかわからず口ごもるだけだ。そうではなく、もっとていねいに、

◎「きみは、（商品）開発的なことと、営業的なことだったらどっちに興味があるのかな？」

◎「きみは、出世をとるタイプ？　それとも好きな仕事を地道につづけていきたいタイプ？」

など、答えやすい質問から、相手の考えていることを引きだしてやるようにするといい

だろう。

る。

心を無にする

処理質問・想起質問に関連して、もうひとつ、ぜひとも心がけていただきたい技術がある。

それは、相手の話を聞くとき、〝心を無にする〟ということだ。

なにも禅の教えを説こうというのではない。あなたのなかにある既成概念《きせいがいねん》や凝り固まったイメージ、経験から形作られた価値観や知識をいったん捨てて、相手の話を聞くようにしてほしい、ということなのだ。

自分勝手な〝思い込み〟があると、相手の話を聞く前に、すでに相手の答えを勝手に想像し、決めつけてしまうことになるからである。

そうすると、聞いているようでいて聞いていなかったり、自分の望む答えを相手から無理やり引きだそうとすることになる。

意見の内容ではなく、だれだれの言うことだから、というだけで価値を下げてしまうことを、心理学の用語で〝プロセス・ロス〟という。

たとえば、「いまの若い連中は、なんにも考えてない」という固定観念があると、どう

いう質問をするかといえば、

×「きみはなにを考えてるんだね？」

×「きみはこの会社で、いったいなにをしようとしているんだね？」

×「仕事をやっていくうえでの、将来の目標を言ってみたまえ」

などの処理質問をいきなりしてしまいがちだ。常識や仮説に縛《しば》られることなく、心を無にして相手の話を聞き、引きだすことを心がけよう。

(5) 夢や理想を引きだす

理屈ではなく、ビジュアルで

コーチングでよく使われる技術として、

▼相手の心のなかに絵が浮かんでくるような聞き方をしなさい

ということがある。

×NGダイアログ

先輩「きみの理想の女性像を聞かせてくれよ」
後輩「理想像、ですか？　難しい質問ですね」
先輩「いいじゃん、聞かせてよ」
後輩「そうだなぁ……やさしい人かな」
先輩「え？　それだけ？」（なんだ、つまんないやつだな）
後輩「ええ、まあ」（だって、そうとしか答えられないじゃないか）

◎OKダイアログ

先輩「ちょっときみ、目をつぶって、理想の恋人を思い浮かべてみてよ」
後輩「ええ……」
先輩「その人、どういう髪型してる？　どういう目をしてる？　顔はやさしそうかな、それともきつそう?」

このように理屈ではなく、ビジュアルで思い浮かべられるように質問することによって、相手は具体的なイメージを思い描くことができる。そして、理屈では答えられなかったことにも答えが出せるようになる。

言葉を一枚の絵にする

×NGダイアログ

上司「きみ、将来、うちの会社でなにやりたいの?」
部下「……はあ」
上司「なにかさ、こう、展望とか、夢とかないの?」
部下「そうですねぇ……」
上司「あのね、将来のビジョンってたいせつなんだよ。まったく近ごろの若いやつはダメだなぁ!」
部下「ええ……はい、申し訳ございません」

上司がよく部下に向かって「夢を持て」とか「将来像をつねに思い描け」などと言う。しかし、ビジョンが思い浮かばないたぐいの質問ばかりぶつけていたのでは、夢や理想など、〝かたち〟がないのだから答えにくいではないか。

相手から夢や将来の具体像を引きだすには、ビジョンをイメージさせる技術が必須《ひっす》なのだと知ってほしい。

私自身、学生を相手にした講演や授業で、このテクニックを使うことがある。その効果の大きさには我ながら驚かされることが多い。

×「将来、なにかやりたいことはある？」

などと聞いているうちは、「べつに……」というような表情を浮かべている学生たちにも、

◎「目を閉じて五年後の自分をイメージしてみて。なにをやっている自分が見える？」

などとビジョンを描かせると、「あっ！」となにかに気づいたような、明るい表情に変

「ビジョン」の技術を使えば、夢や将来像が浮かびやすい

わる。

学生の将来の姿を自由に想像させたり、語らせることができるようになるのである。

まさに〝百聞は一見に如《し》かず〟である。パズル状に散らばった言葉を一瞬にして一枚の絵にして見せる質問が、ビジョンを使った聞く技術といえよう。

◎OKダイアログ

上司「きみの将来像について聞きたいんだけど、いいかな？」

部下「ええ」

上司「じゃあ、目をつぶって十年後の自分を想像してみてよ」

部下「はい」

上司「どうかな。なにをしてるかな？」

部下「ウチの会社で働いてますね。部下も増えて、けっこう忙しそうにしてます」
上司「なるほど。家族はいるかな？　結婚してる？」
部下「そうですね、結婚して、子供もいて、郊外の住宅に引っ越してるようですね」
上司「じゃあ、仕事だけじゃなくて、プライベートや子供の教育にも力を入れていきたい感じかな」
部下「ええ。家族の笑顔が元気の素って感じじゃないですかね」
上司「そんな自分を実現するために、いまやれることって、なんだろうね？」
部下「うーん、コツコツやっていくことがたいせつなのかなぁ」
上司「あれ？　きみはそんなタイプには見えないけど？」
部下「そうなんですけどね……。なんか、ちがう自分もいるみたいですね」

問題点がクリアになる

たとえば、具体的な仕事やプロジェクトを進めるにあたり、部下と上司が事前に相談をする場面などでもビジョンが使える。

×NGダイアログ

上司「この仕事をきみはどういうふうにやりたい？」
部下「そうですね……」（どうって言われてもなぁ）
上司「なんかあるだろ、構想とかさ。考えてみてよ」
部下「はあ、構想ですか……」

◎OKダイアログ

上司「このプロジェクトに取り組んでいる自分を想像してみてよ」
部下「そうですね……」
上司「なん時ぐらいまで残業してる？　なにか問題点が見えるかな？」
部下「けっこう残業の連続かもしれないですね。自分の体力面が心配です」
上司「そうか。まわりの協力は得られていそうかな？」
部下「それは先輩もいますし、だいじょうぶだと思います。ただ……」
上司「ただ？」

部下「スケジュール管理の点が不安ですね。自分一人では管理しきれないかもしれません。そこはだれかの手助けが必要なところかもしれないですね」
上司「なるほど。それについてはこっちでも検討してみるよ」

ビジュアルで思い浮かべることができるから、具体的な理想像だけではなく、問題点もクリアになって見えてくる。来たるべき困難に備えることもできる。

(6) 気分よくさせる、勇気づける

相手の気持ちを意識して聞いているか?

あなたはふだんの会話のなかで、「これは相手にとってうれしい質問か?」「ポジティブな気持ちになれる質問か?」と意識して聞いているだろうか。たとえば左の例のような、相手をイヤな気持ちにさせる聞き方をしていないだろうか。

×「年収はおいくらですか?」

×「そんなのでだいじょうぶなんですか？」
×「それ、儲《もう》かるんですか？」
×「将来それで食べていけるんですか？」
×「リストラとか気になりませんか？」
×「会社がつぶれちゃったら、どうしますか？」
×「もし、ダメだったらどうしますか？」
×「失敗したら、どうするつもりですか？」

あげていけばキリがないほどである。時と場合にもよるが、こんなネガティブな聞き方をされたとき、あなたならどんな気分がするだろうか。

たいていは「なんていうことを聞くんだ！」と、怒りにも似た苦い気分を味わいながら、暗い状況を想像してしまうにちがいない。

これに対して、されて気持ちのいい質問をあげてみよう。

◎「もし三億円あったらどうします？」
◎「明日から社長だよって言われたら、なにします？」

◎「いまいちばん行きたいところはどこですか？」
◎「いままででいちばん楽しかった思い出ってなんですか？」
◎「世界一の美女から愛を告白されたらどうします？」
◎「この取引がうまくいったらどうします？」
◎「もし一日だけキムタクになれるとしたらどうします？」

このような質問であれば、「そうだなぁ……」などと、あれこれ答えを空想してみるのが、とても楽しいことのように思える。そこから話題が広がり、会話が弾むことだろう。

一般的に、女性はこのような楽しい聞き方が自然にできるが、男性は相手をイヤな気持ちにさせる聞き方をしてしまう傾向が強い。

相手を勇気づける聞き方、勇気をくじく聞き方

もうひとつ、身につけてほしいのが、「されて勇気づけられる」聞き方だ。

最近は会社に五〜六年勤めた独身女性が退社して、海外へ留学するケースが増えている。積極的に人生の幸福を追求するための第一歩として、応援してあげるべきだと思うのだが、本人を目の前にして、ついつい勇気をくじく質問を投げかけてしまっている人が多いように思える。

×「そんなことにお金と時間使って、ほんとに役に立つの？」
×「それでキャリアアップにつながるの？」
×「半年ぐらいでほんとに英語がしゃべれるようになるの？」
×「その年齢で留学して、なんか意味あるの？」
×「日本に帰ってきて仕事あるの？」
×「それでモトとれるの？」

たしかに、聞いてみたくなる質問ではある。心配な気持ちから素直に口をついて出ることもあるだろう。だが、留学したいと言っているその相手は、こんな聞き方をされて、果たしてどんな気分になるだろうか？

◎「どんなことを勉強しに行くの？」
◎「そこで学んだことって、どんなふうに活かせそう？」
◎「自然が美しいところ？　それとも都会的なところ？」

◎「留学し終わった自分って、どんな自分になっているかなあ？」
◎「英語が話せるようになったら、どんないいことがあるだろうね？」

ちがいはあきらかなはずだ。

プライドの高い人が陥《おちい》りがちな聞き方

×NGダイアログ

某氏「伊東さん、お仕事はどんなことを？」
筆者「ぼくは心理学者なんですよ」
某氏「ほう。じゃあ大学で教えたりしてるんですか？」
筆者「ええ、それもありますが、ラジオや講演会で話をしたり、本の執筆《しっぴつ》などがおもな仕事ですね」
某氏「ふーん。それで食っていけるんですか？」
筆者「はあ、まあ」（ちょっとムッとしながら）
某氏「将来はどうなさるんですか？　だいじょうぶなんですか、それで？」

筆者「ええ、だいじょうぶだと思いますよ（かなりムッとしながら）。最近も新しい本が出たばかりなんですよ。おかげさまで売れ行きは好調です」
某氏「そうなんですか。すると、印税はいくらぐらい入ってくるんですか？」
筆者「まあ、たいしたことないですよ」（気分の悪さは沸点《ふってん》に）

これは実際、私自身が体験した例だ。話の相手はある企業の役員クラスの人物である。地位も名誉もある立場から、まだ若造である私にアドバイスでもしたかったのだろうか。あるいは、ラジオや講演会、本の執筆というあたりにプライドを傷つけられたのだろうか。彼は私のことを気づかう聞き方をしているようでいて、じつは「きみ、そんなことじゃダメだよ」というメッセージばかりを送っていたのだ。

プライドが高い男性は、とくにこのような聞き方で相手をツブしにかかる傾向が強い。自分にはない優れた点、自分よりも幸福そうなこと、自分よりも楽しんでいることを見つけては、くやしまぎれに相手にイヤな聞き方をして、楽しい気分を壊してしまうのである。

こういう聞き方をしないために、まずできることは、あなた自身がされて気持ちのいい質問と、されて気分の悪い質問をストックしておくことだ。

ふだんから気に留めておき、気がついたらメモをとってパソコンに打ちこみ、ファイルを作っておく。

ある程度数がたまったところで眺《なが》めてみると、イヤな質問のなかには自分でもついしてしまっているものがいくつかあるはずだ。

まずはあなた自身がそういう質問をしないように意識しよう。

さらに、されると楽しい質問のリストは、人をうれしい気分にさせたいとき、すぐにでも使える〝魔法の質問リスト〟になる。だれかと会話をしているとき、これを使って相手が楽しくなる方向へと導いてあげるのだ。

こうした聞き方をつづけていると、あなたは、「いっしょにいると楽しい人」という評価を得ることができるだろう。

1章のポイント

◎あらかじめ答えが決まっている質問が「クローズド・クエスチョン」、決まっていないのが「オープン・クエスチョン」

◎会話の内容や目的、または相手と自分との関係によって、クローズドとオープンの組み合わせを使いわける

◎「相手が話したいのは、きっとこんなことだろうな」「つぎの話題へ移る前に、なるべくこの話を深めよう」とつねに意識して聞けば、会話の質は高まる

◎相手の複雑な思いをまとめたいときには、言葉よりも色や匂いなどまったく別の感覚に置き換えてみるとまとまりやすい

◎かんたんには答えが出ない質問が「処理質問」、即答できるのが「想起質問」

◎相手の話を聞くときは、自分勝手な思いこみを捨て、心を無にする

◎夢や理想を聞くときは、相手の心のなかに絵が浮かんでくるような質問をする

◎されると楽しい質問リストを作ってみる

2章

基本編Ⅱ

信頼を勝ち取る心理テクニック

この章では、相手の心理に訴える「聞く技術」を紹介していこう。相づち、言い換え、要約、励まし、共感など、言われてみれば「なるほど」と思うような、かんたんなテクニックばかりだ。

しかし、かんたんであるほど奥が深く、また、どんな場面でも応用が利く。磨《みが》けば磨くほど、技術は自分のものになり、他人の信頼を勝ち取ることができる。

(1) 相づち

まずはレパートリーを増やそう

結論から言ってしまおう。

▼〝聞き上手〟は〝相づち上手〟

である。聞き上手といわれる人をよく観察してみると、相づちを打つだけで相手にどんどんしゃべらせ、話題を引きだしていることに気づくだろう。たとえば、こんなセリフだ。

「ほう」「ええ」「へえ」「ふーん」「そう?」「あら!」「おや!」「はいはい」「ふむふむ」「ふーむ」「なるほどね」「そうなんですか」「そうなんだ」「そうですね」

このように、相づちには数多くのバリエーションがある。聞き上手な人ほど、これらをじつに臨機応変に使い分けている。

まずは相手の話に「へえ!」と驚き、成功した話なら「ほう」と感心する。相手の話をじっくり咀嚼《そしゃく》しているときには「ふむふむ」とうなずく。こんなぐあいに、うまい相づちを打ってくれる相手と話をしていると、話を十分に聞いてもらっている気持ちがするものだ。

あなたはいつもおなじような相づちばかり使っていないだろうか。自分では気づきにくいのだが、たとえば、「へえ」がクセになっている人は、どんな話題にも同じ調子で、「へえ」と返してしまっていることが多いので注意したい。

×楽しい話題→「へえ」
×悲しい話題→「へえ」

×深刻な話題↓「へえ」
×笑える話題↓「へえ」

これでは相手は話すのがイヤになってしまう。

気持ちをこめて打つ

おなじ「へえ」や「ええ」であっても、言い方や声のトーンひとつで、とても豊かな意味やニュアンスをこめることができる。

●――「へえ」のバリエーション

「へえ！」（驚きましたよ！）
「へえ……」（興味ないですね）
「へえ〜」（うらやましいですね！）
「へえー」（そんなにおもしろくないよ、その話）

●――「ええ」のバリエーション

「ええ！」（びっくりしましたよ！）
「ええっ⁉」（ほんとうなんですか？）
「ええ」（まったくそのとおりですよね）
「ええ……」（知ってますよ、そんなこと）

つぎのように、せっかく楽しい話をしているのに、つまらない話を聞かされたかのような気持ちのこもらない相づちをされては、話す気が失《う》せてしまう。

×NGダイアログ
社員♀「ねえねえ、ちょっと聞いてよ！」
社員♂「ん？　どうしたの？」
社員♀「今日ね、A社に例の企画書を持っていったのよ」
社員♂「へえー」
社員♀「そしたらね、あれほどダメだって言ってたのに、OKだしてくれたの！」
社員♂「へえー」
社員♀「先月のプレゼンでは速攻で却下《きゃっか》されたプランだったのよ。それを私、作り直してみたのよ」
社員♂「へえー」
社員♀「見積もりからスケジュールまで、きっちり見直したかいがあったわ！」
社員♂「へえー」
社員♀「ねえ……」
社員♂「へ……えっ？」
社員♀「ちゃんと私の話、聞いてるの⁉ もー！ つまんない！」

誤ったタイミングで打つと話の腰を折る

もうひとつの重要ポイントは、相づちを打つタイミングだ。単純な相づちでも、くりだすタイミングによって深い意味やメッセージを相手に印象づけることができる。

◎楽しい話題

A「この間、TOEICのテストで、やっと七五〇点超えたんです」
B「へえ！」（即座に）

相手にその話題をつづけさせたい場合には、相手の話が終わりそうなところでオーバーラップするように相づちを打つといい。するとと、「もっと話してください」と、話のつづきを促すメッセージとして相手には伝わる。

◎深刻な話題

A「先日、父が入院することになりましてね」
B「…………………………ええ」（間をおいて）

逆に、相手の話が終わってから少し間をおいて「……ええ」と言えば、それは、「あなたの話をじっくり処理し、受け止めたうえで相づちで返していますよ」というメッセージとして伝えることができる。

ところが聞き下手の人がよくやってしまうのは、相づちを打つタイミングがずれていることだ。

話題というものには〝起承転結〟がある。前フリがあって、最後にオチがくる。聞き下手の人は、話の〝起〟もしくは〝承〟の部分で「へえ！」と驚いたような相づちを打ち、相手の話したい気持ちを萎《な》えさせてしまいがちである。

×NGダイアログ

A「この前、お台場に行ったんだよ、で……」
B「へえー！」
A「……」
B「あれ？　お台場に行ったんでしょ？」
A「……」（言いたいのはそんなことじゃなくて、新しい彼女とデートしたっつう話なんだよ！）

このように、ポイントを勘違いして相づちを打ってしまうと、相手は話をつづけにくくなってしまう。「話の腰を折られる」とはまさにこのことだ。
相手の話の起承転結を事前に読むことは難しいが、相手の気持ちとシンクロするように、意識して相づちが打てれば、だれでもワンランク上の聞き方ができるようになる。

深刻な話題は相手の話を受けとめたうえで、深い相づちを

◎OKダイアログ

A「この前、お台場に行ったんだよ、で……」
B「ふんふん」
A「で、いっしょに行ったのがね、なんと、新しい彼女なんだ！」
B「へぇー！　新しい彼女とねー」
A「そうそう、おれにもやっと春が来たっていう感じなんだよ」

相づちのバリエーションを増やし、的確なタイミングで打つことによって、あなたの会話は確実にいきいきしたものに変わってくる。

「あなたの話をよく聞いていますよ」

「あなたの話にすごく興味がありますよ」

と心のなかでつぶやきながら、意味のある気持ちのこもった相づちを打つように心がけていこう。

(2) リピート

話のポイントをくりかえす

相手の言った言葉をそのままくりかえすことは、「おうむ返し」などといって、場合によってはあまり賢い人がすることではない、というような意味で使われる。しかし、この「おうむ返し」は専門用語で「リピート」と呼ばれ、単純でありながらひじょうに効果の高いテクニックなのだ。

具体的なリピートの方法とは、

▼相手の言ったことをそのまま相手に返してやるだけ

というきわめて単純なものである。

◎「まったく参っちゃったよ」↓「参っちゃったんだね」

◎「あの映画、すごかったぜ！」↓「すごかったんだ！」
◎「今日、A社に営業に行ってきたよ」↓「営業に行ったんだ」
◎「課長に企画書の出来をほめてもらったよ」↓「ほめてくれたんだ」

いかがだろうか。こうして文字になってみると、間の抜けた会話のようにも見える。しかし実際の会話のなかでは、話し手はけっしてリピートされていることに違和感を感じたり、「マネするなよ」などとは思わない。むしろ、じっくり話を聞いてもらっている手応えを感じ、どんどん話をするようになる。

このようなリピートの技術は、カウンセリングの現場でも多用されている。熟練カウンセラーは、最初から最後までリピートするだけでクライアントの話を引きだしてしまう。

◎OKダイアログ

クライアント「もう、なにもかもイヤなんですよ」
カウンセラー「イヤなんだね、なにもかも」
クライアント「会社には長期休暇を申し出ていて。でももう、辞めたい……」
カウンセラー「辞めたいんですね……」

クライアント「なんていうのか、人と会うのが怖いし、だから会社なんて地獄のようなんです」
カウンセラー「人と会うのが怖い、と」
クライアント「はっきり言って、死のうと思ったこともあります」
カウンセラー「死ぬほどつらかったと……」
クライアント「ええ。それほどつらかったんです」

どんなに深刻な悩みであっても、相手に思いきりしゃべらせることによって、抱えている問題を引きだし、解決へと導くことができる。これが「リピート」のすごさなのだ。

キーワードは感情のセリフ

リピートする際に注意しておきたいポイントをあげておこう。
まず、リピートするキーワードをうまくすくいとってあげるように心がけたいということだ。相手がリピートしてほしくはないところで、「勘違いリピート」をしてしまうと、相手は話したい話題をそらされたような気持ちになるからである。

×NGダイアログ

A「この前、ついにお台場に行ったんだよ」
B「お台場に行ったんだ！」
A「う？　うん……。いや、なんでお台場に行ったかっていう話なんだけどね」（新しい彼女とデートしたっつう話なんだよ、まったく！）

◎OKダイアログ

A「この前、ついにお台場に行ったんだよ」
B「うん、うん」
A「じつはさ、新しい彼女ができてね、初めてのデートだったんだよ！」
B「新しい彼女ができたんだ！」
A「うん、そうなんだよ。それでさ……」（彼女についての話がはじまる）

キーワードを探るコツは、「うれしかった」「楽しかった」「悲しかった」「つらかった」

など、相手の感情があらわれているセリフをリピートすることだ。人は感情表現をするとき、表情や声のトーンに抑揚《よくよう》がつく。だから、相手をよく観察していれば、なにがキーワードなのかは自然にみえてくるだろう。

聞き手が話題をコントロールする技術

また、〝水路づけ〟も、リピートの高等テクニックとして覚えておきたい。これは、「相手から引きだしたい話題を、聞き手がコントロールする」技術である。

◎水路づけ1

A「この前、課長に誘われて飲みに行ったんだけどさ」
B「ああ、飲みに行ったんだ」
A「うん、あのけっこう有名な銀座のショットバーなんだよ、知ってる？」

「飲みに行った」をリピートすることによって、どんな店に行ったか、という話題へと水路づけた。課長の話はひとまず後回しになる。

◎**水路づけ2**

Ａ「この前、課長に誘われて飲みに行ったんだけどさ」
Ｂ「へえ、課長と？」
Ａ「うん、課長が誘ってくるなんて珍しいじゃん。でね、そこで出た話が……」

今度は、課長の話題へと水路づけた。このように、どのキーワードをリピートするかで、相手の意識の向かう方向が変わってくる。
心理的には無意識のレベルに訴えるテクニックであり、相手は知らず知らずのうちに聞き手にコントロールされ、自ら話題を変えたり、深めたりする。このテクニックをマスターすると、あなたは相手から引きだしたい情報を、いくらでも聞きだせるようになる。

(3)言い換え

頭のなかで「類義語辞典」を検索《けんさく》

リピートの応用編とも言えるのが、「言い換え」の技術だ。リピートでは相手の発した言葉をそのまま返してやることがポイントだったが、言い換えでは相手の気持ちや言葉を、別の言葉に置き換えて返してあげるのがポイントである。相手の言葉を瞬時に「類義語辞典」で検索し、別の言葉に変換するイメージだ。

A「きのう映画を見に行ってね、すっごい楽しかったの」
B「ああ、おもしろかったんだね」

＊

A「いやー、いま忙しくてたいへんだよ」
B「そりゃキツイね」

＊

A「じつは今度のプロジェクトのことで悩んでてね」
B「ああ、困ってるんだね」

＊

A「部屋でひとりで過ごす日曜日って、さびしいんだよね」
B「孤独な気持ちになるよなあ」

といったぐあいである。ここでポイントとなるのは、リピートの技術と同様、気持ちや感情のセリフを言い換えてやることだ。

聞く技術とは相手の内面を引きだす技術である。だから、内面から絞りだされる感情や気持ちに耳を傾け、「聞いていますよ」「あなたの言うことはわかりますよ」というメッセージを返してあげることがとても重要なのである。

ビジネスの場面でも、言い換えのテクニックはとても有効だ。相手の気持ちを理解したうえでアドバイスを与えたり、感情を受けとめてから別の提案をすることにより、感情的な〝きしみ〟や〝軋轢《あつれき》〟を避けることができる。

◎OKダイアログ

部下「今度のプランなのですが、私としては先延ばしにしたほうがいいと思うのですが」

上司「今回は見送りたいということ？」（言い換えの技術でいったん受けとめる）

部下「ええ。と、いいますのも……」（先延ばしにする理由を冷静に述べることができる）

〝先延ばし〟とひと言でいっても、当面のところ計画を見合わせる一時停止なのか。あるいは言外の意をくみ取れば、計画はすべて取りやめにしたい、ということなのか、じっくり聞いてみないことにはわからない。

上司としては、そのあたりの状況を正確に把握したうえで、賛成か反対の意思表示をすべきであろう。

ダイアログのように、部下の提案を「言い換え」のテクニックを使って、いったん受けとめてやれば、部下は「とりあえず拒否されなかった」と安心しながら話を進められるだけではなく、〝先延ばし〟という提案のくわしい内容まで説明することができる。反論があるなら、相手の言い分をすべて聞いてからでもけっして遅くはないのである。

(4) 共感

相手の〝気持ち〟を返す技術

「共感」は、あたかも相手の気持ちが自分に乗り移ったかのような反応で、相手に共感の気持ちを返す技術である。二倍、三倍に増幅《ぞうふく》して返してやるぐらいの心構えでやってみるとちょうどいいだろう。

◎**OKダイアログ**

「ちょっと悩んでるんだけどさ、次回のプレゼンに持っていくプランなんだけど、A案とB案、どっちにしたらいいんだろうか……」

↓

「う〜ん、それは悩むねぇ〜」

「う〜ん、それは困ったねぇ〜」

「うーん、それは迷うねぇ〜」


共感は、カウンセリングにおける最重要技術のひとつである。

クライアントのうち明け話を聞きながら、カウンセラーは相手の気持ちを全身で受けとめ、あたかも自分のことであるかのように共感する。

そのとき感じた気持ちを、言葉にしてクライアントに返してやる。

たとえば、つぎのようなセリフを使う。

◎**話し手が怒っているとき**

「相当、ムカついちゃったんですね」
「そんなに頭にきてしまったんだね」

◎悲しい話のとき

「それは悲しいですね」
「それはやりきれませんね」

◎うれしい話のとき

「それは楽しい話だね」
「それはめちゃくちゃうれしいね」

◎忙しかったという話

「たいへんだったんだね」
「それは目が回りそうだね」

まずは相手の気持ちに共感し、受け入れることからはじめよう。悩んでいる相手がいれば共感しながらいっしょに悩み、困っている相手にもおなじように共感する。

アドバイスや励ましのセリフを口にするのは、たっぷり共感してからでもおそくはない。どんなに優れたアドバイスであっても、共感しているという前提がなければ、相手の反発を買うだけで終わってしまうだろう。

部下や後輩、仕事の仲間から今ひとつ信頼を得られていないのではないか、と思っている人は、まず彼らの話にじっくり耳を傾け、共感することからはじめてみてほしい。

(5) 励まし

ポジティブなエネルギーを二倍、三倍にしてフィードバック

あなたのこの一週間を振り返ってみてもらいたい。一度でも、だれかに心から、「素晴らしいね、すごいね」とほめられたことがあるだろうか？　逆に、あなたはだれかをほめたことがあるだろうか？　人をほめたり、人にほめられたりする経験は、意外なほど少ないのではないかと思う。

「励まし」とは、聞き手であるあなたが、ポジティブなフィードバックを相手に返してあげる技術だ。たとえば、こんなセリフによってである。

◎「いいですねえ」
◎「おもしろそうですね」
◎「うらやましいなあ」
◎「すごいですね」
◎「ぼくもやってみたいなあ」

楽しそうな話題を持ちかけてきた相手には、「楽しそうだな！」「おもしろいですね」

なにかを成し遂げた、成功した話を持ちかけてきた相手には、「すごいですね」「うらやましいなぁ」「素晴らしいですね」

といった言葉によって、相手からもらったポジティブなエネルギーをそのまま返してあげる。「共感」の技術同様、二倍、三倍に膨《ふく》らませて返せればなおよい。


こうして、相手は、あなたと喜びを共有できることで、さらにポジティブなエネルギーをあなたから受けとることができる。相手はあなたにどんどん心を開き、たくさんの話を聞かせてくれるだろう。

相手とおなじくらいいい気持ちになって、それを相手に返す。じつにかんたんなテクニックだが、できていない人が多い。たとえば、あなたはつぎのようなセリフを返してしまうことがないだろうか。

×NGダイアログ（後輩が先輩に）

「先輩、聞いてくださいよ！　A社との契約、ついに取りましたよ！」

↓

「運がいいなあ」

「〝まぐれ〟ってこともあるもんだな」

「A社の部長さん、人がいいからなぁ」

「そんなことで喜んでないで、つぎもがんばれよ」

「おれのアドバイスのおかげだな」

（部下が上司に）

「この前の日曜日の草野球で、満塁ホームランを打ったんですよ！」

「そんなことより、例の報告書はもうまとまってるのか？」

「野球なんかに夢中になってる場合じゃないだろ」

「その熱心さを仕事にも活かしてもらいたいねぇ」

「私だって、その日はゴルフで二〇〇ヤードもカッ飛ばしたんだぞ」


実際、このような返答は驚くほど多い。

相手の成功を喜び、ほめることは、けっしてあなたが〝負けた〟ということではない。励ました人、励まされた人の双方が、素晴らしいエネルギーを手に入れることができるのである。

(6) 完全質問と不完全質問

〝押しつけがましさ〟を消してくれる不完全質問

相手からなんらかの情報を引きだしたいとき、ものを尋ねるとき、人は「質問」のかたちで相手に語りかける。この質問も、専門的には「完全質問」と「不完全質問」という二つの形式に分けられる。

●——完全質問

「あなたはどうしますか？」

「この件についてどう思いますか？」

「結論はいかがですか？」

「あなたの要望はなんですか？」

●——不完全質問

「あなたはどうなんでしょうねぇ……」

「この件についてはどうなのかなぁ……」

「結論はいかがでしょうねぇ……」

「どんなご要望がおありなんですかねぇ……」


このように完全質問とは、「あなたにお尋ねしていますよ」ということがはっきりして

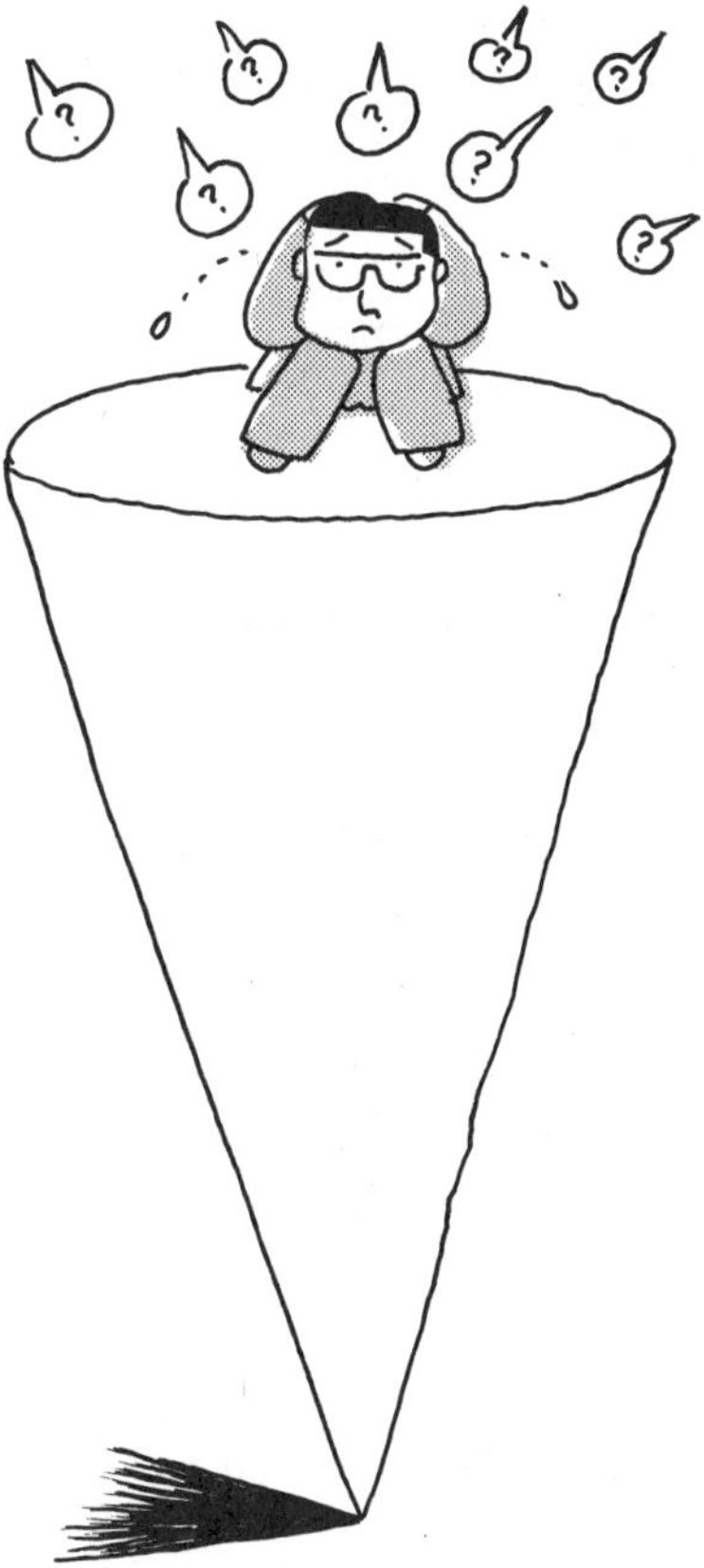

完全質問は、相手に過度のプレッシャーをかける

いる形式のものだ。

完全質問をされた相手は、明確な答えを即座に求められている印象を受ける。イエスかノーか、あるいは自分の意見・見解をはっきりと相手に伝えなければ、質問に答えたことにはならない。答える側にプレッシャーがかかる質問の仕方だといえる。

一方の不完全質問は、相手側としてみれば聞かれているのか、聞かれていないのかがはっきりしない、つぶやきにも似た形式のものだ。

そのため、すぐに答えを用意しなくてもいいような気持ちになれるし、相手から回答を迫られていることによる圧迫感を感じないですむ。

どちらのやり方がいい、というわけではないが、ビジネスにおいては、えてして知らず知らずのうちに完全質問ばかりくりだし、相手を質問攻めにしてしまっていることがあるから注意したい。

×NGダイアログ
上司「今度の計画、やってくれるね？」［完全質問］
部下「えっ……。ええ」（圧迫感を感じ、とりあえず承諾《しょうだく》してしまう）

＊

上司「この添付《てんぷ》ファイルの開き方を教えてくれないか?」［完全質問］
部下「ハイ、えーと……」（できることを前提に聞かれたので、なにがなんでも解決しなくては、とアセリを感じる）

＊

上司「明日の天気は晴れだよね?」［完全質問］
部下「さぁ……」（天気予報をみていないので答えられない）

◎OKダイアログ

上司「今度の計画、やってくれるかなぁ……?」［不完全質問］
部下「うーん、ちょっと考えさせてください。まだ日程の点で気になることが……」（計画の具体的内容に話が展開する）

＊

上司「この添付ファイルの開き方、だれかわからないかなぁ……?」［不完全質問］
部下「あっ、ぼくでよければやってみますよ」（できる、できないは別として、トライしてみようとする）

上司「明日は晴れるかなぁ……」［不完全質問］
部下「どうでしょう。晴れるといいですねぇ」（天気予報はみていないが、こちらの気持ち次第で自由に答えられる）

＊

このように、不完全質問で聞くことによって、ゆっくり自由に考えたり、話の内容によっては承諾したり、無理なことであれば断る余裕を相手に与えることができる。
とくにあなたが若い部下を使う立場にいるとしたら、完全質問でのゴリ押しには十分注意していただきたい。相手に質問しているようでいながら、じつは自分の意見を強要してしまっていることも多々あるからだ。

×「例の企画書、もうできてるね？」（「できてない」とは言わさんぞ！）
×「今度の週末、出張に行ってくれるね？」（断るなんて許さないぞ！）

(7) 気づき

〝たとえ〟を使う

相手の話を受けて、相手が予想もつかない角度から聞き返すテクニックが「気づき」である。相手の心のなかに眠っている答えを引きだしたり、発想の転換を促したいときなどに使うと効果的だ。

◎OKダイアログ（部下が上司に）

「取引先との関係がうまくいかなくて、ちょっと困っているんですよ。どうすればいいんでしょうか……」

↓

視点（立場）を変える

「きみが先方の課長だったら、きみになんて言うだろうね」

「きみがお客さんの立場なら、なにが不足していると思うかな？」

ほかのモノにたとえる

「いまの気持ちを色にたとえると、なに色だろうか？」
「いまの状況を映画にたとえるなら、どんな映画になるかな」

心のなかの声を聞かせる

「きみの心のなかの声はなんと言ってるかな？」
「頭ではなく、お腹のあたりで考えてみて。お腹の声はなんて言っているかな？」

このような予想外の聞き方に、相手は少し驚くかもしれない。しかし、それこそが「気づき」の技術の狙い目なのだ。

たとえば、「ちょっと待って。ぼくが答える前に、ぼくになったと思ってみてよ。きみがぼくならどういう答えをだすと思う？」と、相手に考えさせる。

「ぼくがあなただったとしたら……」と、あなたが相手に与えようと思っていた答えとおなじことを語りはじめたら、「ふむ、ふむ」と相づちを打つだけでよい。

もしあなたがしようとしているアドバイスと、相手が想像する答えが食いちがっていたときは、いったん、「なるほど、そう考えたんだね」と相手の言葉を受けとめたうえで、「ぼくはちょっとちがうアドバイスをしたいんだけどね」と、あなたからの進言なり回答を与えてあげればいいのである。

相手をタイムマシンに乗せる

人がなにか新しいことにチャレンジしようとするとき、そこにはかならず不安がつきまとう。

その気持ちをわかってもらいたくて、だれかに相談を持ちかけることがよくある。

もしあなたがそのような相談をされたら、「気づき」の技術を使って、相手の不安を解消させてあげるといい。

先に述べたような、視点を変えさせてみるのもひとつの手だが、近い将来の自分の姿を相手に想像させるのもひじょうに有効なテクニックといえる。

◎OKダイアログ（部下が上司に）

「このプロジェクトを引き受けるかどうか、正直言って迷ってるんですよ……」

←

「もし引き受けたとしたら、三か月後のきみってどんなふうになっているかな？」
「もし引き受けなかったら、三か月後のきみってどんなふうになっていると思う？」

会話が煮詰まったときの秘策

ブレーンストーミングの場で、さっぱりいいアイデアが出てこないことがある。思いついたアイデアをポンポン口にしていくのがブレストの本来あるべき姿だが、相手の出方を探ったり、「こんなこと言ったらバカだと思われるんじゃないか」などという警戒心から、自由に考えを述べることができなかったりするのである。

そんなとき、ユーモアのある「気づき」のテクニックを使うと、煮詰まった話が自然にほぐれてくる。

◎「ここにドラえもんがいたら、なにを頼む？」
◎「長嶋監督なら、こんなときはどうするのかなぁ。野村監督ならどうかな？」
◎「この状況をファイナルファンタジーに置き換えてみよう。どんな召喚獣《しょうかんじゅう》を呼ぶ？」

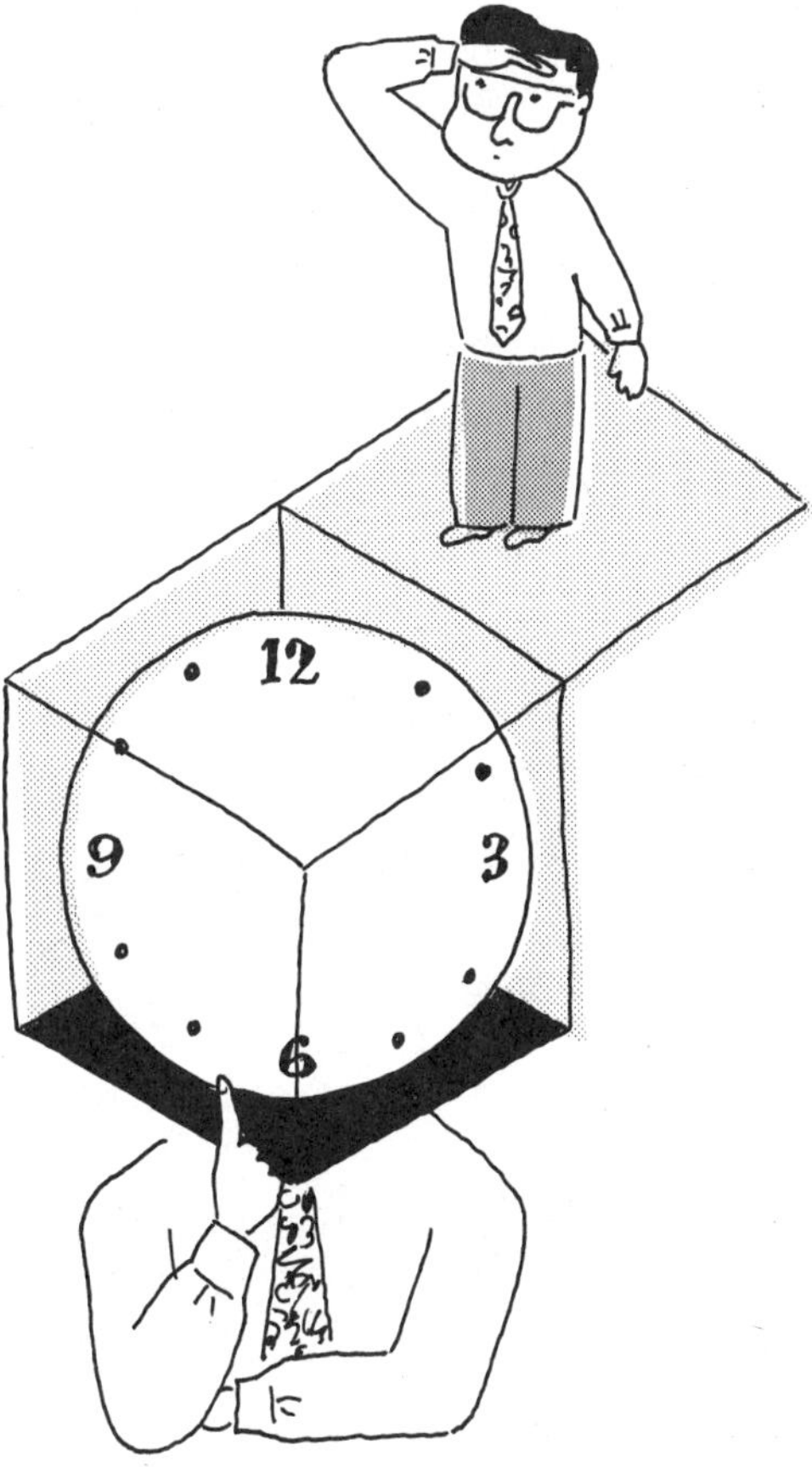

近未来の自分を想像させる

アニメや漫画のキャラクターにメンバーを置き換えて、物語の展開をシミュレーションしてみる。ふざけているようだが、じつは大胆な視点の転換により、「気づき」が起こることが期待できる。「そうだなあ、おれが長嶋さんなら……」などとイメージを膨らませているうちに、現状を打破する素晴らしいアイデアが閃《ひらめ》くことがあるから不思議なものだ。

カウンセリングでも似たような手法で、問題を解決に導くことがある。「ロールプレイ」といって、問題を抱えている者どうしの立場を逆転させ、たがいが相手の立場になって演技をするのだ。

たとえば、家族セラピーでは、父親が子供役を演じ、子供が父親役を演じる。子供はふだん父親から言われているセリフを、どんどん子供役の父親に吐きだしていく。「勉強しなきゃダメじゃないか！」とか「なんで父さんの言うことが聞けないんだ！」と子供が言えば、子供役のお父さんは、「だって勉強なんていやなんだもん」とか「そんなに怖くしないでよ」などと答える。

そうすることによって、父親は子供にどれだけプレッシャーを与えていたか身をもって知ることができるというわけである。

2章のポイント

◎「相づち」のバリエーションを増やし、的確なタイミングで打つことを心がける
◎相手の言ったことをそのままオウム返しに「リピート」するだけで、相手が抱えている問題を解決へと導くことがある
◎相手の言葉を、別の言葉に「言い換え」ることで、感情的な〝きしみ〟や〝軋轢〟を避けることができる
◎「励まし」とは、相手にポジティブなフィードバックをしてあげる技術
◎相手にはっきりと意見を求めているのが「完全質問」、聞いているのかいないのかはっきりしないのが「不完全質問」。相手から意見を求めたいとき、不完全質問を使えば、押しつけがましさを消すことができる
◎相手が予想もつかない角度から聞く「気づき」の技術で、相手の心のなかに眠っている答えを引きだしたり、発想の転換を促すことができる

3章

基本編Ⅲ

相手の無意識に訴える身体テクニック

これまで述べてきた「聞く技術」を〝頭で聞く〟技術だとすれば、本章で紹介するのは〝身体で聞く〟技術である。

つまり、ボディランゲージのテクニックをとり入れながら相手の話を聞くことだ。これは専門的には、「非言語コミュニケーション」といわれている。

人間は言葉だけでコミュニケーションをとっているのではなく、言葉以外のさまざまな要素（非言語的要因、このなかにボディランゲージも含まれる）を通じて、意思の疎通を図ったり、たがいを理解しようとしている。

具体的には、声のトーン、身振り手振り、相手との距離やポジションのとり方などである。

メイラビアンという心理学者の有名な調査では、人が人を判断するとき、九三パーセントが非言語的な情報をもとにした判断で、純粋な言葉による判断は、たったの七パーセントでしかないという結果も出ているほどだ。

言葉の果たす役割ももちろん重要だが、非言語コミュニケーションはそれ以上に重要なものだと知ってほしい。

たとえば相手の話を聞きながら、

「わぁ、すごい。素晴らしいですね」

「言葉で」聞いても、「身体で」聞かないとダメ

と口では言ってみたところで、そのあいだにあなたが一度も視線を合わせなかったら、相手は、

「この人はぜんぜん話を聞いてくれてない」

と思うだろう。

また、通りがかる女の子にチラチラ目をやりながら、あくびをしながら、貧乏揺すりをしながら話を聞くのも同様だ。

これまで覚えた技術を最大限に活かすためにも、身体全体を使って聞き、相手から引きだす技術を身につけてほしい。

頭と身体、この両方の技術が完成したとき、ほんとうの意味で聞く技術が完成されるのである。

(1) ポジショニング

交渉ごとに有利な正面ポジション

手軽にとり入れやすいものとして、「ポジショニング」の技術がある。これは、相手や会話の内容によって、自分の座る位置を使いわける技術である。

だれかと話をする際、相手がどの位置に座るかによって、会話量に大きな差が出てくることがわかっている。

たとえば、正面に座ったときの会話量を一とすれば、真横に座らせたときが二倍、さらに斜めのポジションだと三倍になるという調査結果があるくらいだ。

初対面の相手と話をするとき、あなたはどのようなポジションで座るだろうか。それほどスペースに余裕のない会社の応接室や会議室では、どうしても真正面に着席して話すことが多いのではないだろうか。

真正面のポジションでは、顔を上げたとき相手との視線の合わせ方が難しい。合わせないと失礼な気もするが、かといって、ずっと見つめているのも疲れてしまう。ちょっとでも話題に詰まったり、沈黙が生じたときなど、話すほうも聞くほうも、とても居心地の悪い思いをする。仕方がないのでそさくさと書類を取りだし、いきなり話の本題に入ってしまう。

ビジネスライクな交渉ごとを進めるときにはふさわしいポジションといえるが、相手の話をじっくり引きだしたいときには適さないポジションだ。

正面に座るポジションで連想されるのが、警察の取調室だ。刑事と容疑者がにらみ合い、刑事は自白するまで許さないぞ、と迫る。容疑者は絶対に言うもんか、と口を閉ざす。真正面のポジションとは、ある意味、〝対決〟のポジションなのである。

このように、真正面のポジションで話を聞くのは、当たり前のようでありながら、じつはひじょうにやりにくいものなのである。

相談ごとに適した真横ポジション

真横ポジションで話す相手としてふさわしいのは、友人、恋人、親しい上司・同僚・後輩など、ビジネスの関係を超えた心を許しあえる人物だ。話の内容としては、相談ごと・悩みごとを聞くときに最高の威力を発揮するポジションだと覚えておきたい。

◎OKダイアログ（バーのカウンター席で）

A「じつはな、今日おまえを呼んだのは、ちょっとわけがあってさ……」
B「……うん」
A「……言いだしにくいことなんだけどな……」
B「……言いにくいことなのか」
A・「ああ。どうしようかな……やっぱり、言えないなぁ」
B「そうか。やっぱそういうことは話しにくいよな。でも、言いたくなったら、いつでも聞くからさ」

真横ポジションの第一のメリットは、聞き手・話し手双方の顔や表情が見えないことだ。このポジションでぽつぽつしゃべりはじめると、まるでモノローグ（ひとり語り）のようになる。

だから、言いだしにくいこと、うち明け話を聞くときには、相手はリラックスして話すことができるのである。

あらかじめ「今日はこいつから悩みごとを引きだしてやるぞ」というテーマをもって飲

みに行く場合などには、真横ポジションをとれる店に連れていってあげるといい。

カウンター席で肩を並べて座るポジションは、じつはもっとも相手との距離を縮めることができる位置でもある（つぎの「パーソナルスペース」の項参照）。おたがいの間にテーブルという物理的な〝壁〟もないので、自然と親密な雰囲気《ふんいき》を作りだすことができるのだ。

ランチタイムの食堂で、ちょっと部下の話でも聞いてやろう、というときにも、真横ポジションをとりたい。

「ちょっとここいいかな？」というぐあいに、真横に座れば、相手はとても話がしやすくなる。

これが真正面にどーんとこられると、あたかも上司との対決の姿勢になり、部下にとっては心理的なプレッシャーがかかることになる。

斜めポジションは変幻自在

正面ポジション、真横ポジションの両方の長所をとり入れたポジションが、「斜めポジション」だ。

このポジションに適しているのは、会議室や喫茶店の丸テーブルなどだ。丸テーブルなら、座席の位置を自由に動かすことができるので、ベストな斜めポジションをかんたんに作ることができる。

斜めに座って、たがいの横顔が見える位置に座る。真正面から顔全体をじっと見られるとつい引いてしまうが、斜めポジションなら、見られるとしても横顔だけだ。これで心理的にはずいぶん楽になる。

つまり、斜めポジションは話し手、聞き手の双方にとって話に集中することのできる、もっとも応用の利くポジションだということができるだろう。

だから、このようなポジションをとれば、ふだんは聞けないような話を引きだすこともできるようになる。たとえば、こんな話題もしやすくなるのだ。

・おたがいにとって重要で深刻な話をしたいとき

・上司、部下の立場を離れ、自由にアイデアを出しあいたいとき

心臓のある側に相手を座らせない

さらにもうひとつ、斜めポジションをとるとき、覚えておくといいテクニックがある。相手をあなたの座席の斜め左側に座らせてあげることだ。なぜそうするのか。

それは人間の心臓が左側にあるという理由からである（拙著・アスペクト刊『心理戦で

正面ポジションは交渉ごとに有利

相談ごとに適した真横ポジション

斜めポジションは話に集中できる

絶対に負けない本 実戦編』参照)。

実際にあなたも実験してみてほしいのだが、斜め左(心臓のある側)に人を座らせたときと、斜め右(心臓の反対側)に人を座らせたとき、どちらがしっくりくるだろうか。たいていの人は、斜め右に相手がいてくれたほうが落ちついて話せるものなのだ。

心臓という命を支える重要な臓器が相手に近いところにあると、無意識のうちに不安を感じる。

とくに右利きの人にとっては、利き手ではない左手サイドに他人がいると、やはり不安な感じを覚えてしまう。

これらはほんとうに微妙な心理テクニックなのだが、斜めポジションの効果と併せて活用されることをおすすめしたい。

(2) パーソナルスペース

だれでも心理的な〝なわばり〟がある

あなたが電車のホームでひとり立っていたとしよう。ホームには数人しか人がおらず、かなりまばらな状況だ。そこへ見知らぬ人がツカツカとやって来て、あなたの真横三〇センチの位置に立ったとしよう。あなたはどう感じるだろうか？

それがあなたの好みのタイプの異性であればともかく、まったくの見ず知らずの人なら、「なんでこんな近くに寄ってくるんだ⁉」「突き飛ばそうとしているのかも……」など、脳のなかで危険信号が打ち鳴らされるはずだ。

なぜこのような脳のメカニズムが働くかというと、人にはそれぞれ心理的な〝なわばり〟があるからだ。このような〝なわばり〟のことを、心理学では「パーソナルスペース」と呼んでいる。

パーソナルスペースの大きさにはつぎのような特徴がある。

●**パーソナルスペースが大きい人**

内向的な性格の人（人を近づけたがらない）

暴力的傾向が強い人（肩が触れただけで攻撃と捉える）

女性（見知らぬ男性が近づいてきたとき）

●**パーソナルスペースが小さい人**

外向的な性格の人（他人を受け入れられる）
相手が親しい人（近づいても安心）
都心部に暮らす人（満員電車など人混みに慣れている）

ある実験の結果では、相手との距離がおよそ一五センチ〜四六センチの空間を〝親密空間〟と呼んでおり、この領域に侵入できるのは、親・配偶者・子供・恋人・親友だけであるとしている。

聞く技術を活用するうえでも、相手との「パーソナルスペース」のとり方には気を配りたい。まず単純に言えるのは、

▼相手との距離が近い＝親密な相手から深い話を聞きだすとき
▼相手との距離が遠い＝社交的、表面的な話を聞くとき

というちがいがあることだ。

正面の〝なわばり〟は一メートル、横は三〇センチ

真正面ポジションは相手に圧迫感を与える、と説明したが、これはパーソナルスペースをとるときにも参考にしたい。真正面で対面する場合は、大きめにスペースをとる必要があるのだ。

初対面の相手の正面に立つなら、約一メートルぐらいの距離は保ちたいものだ。これは、大きく一歩を踏みだすと相手に届くか届かないか、ぐらいの距離である。

しかし、真横や斜めにポジションをとる場合は、肩と肩の距離が一メートルも開いていると、かなり離れている感じがする。

逆に言えば、真横・斜めポジションであれば、相手のパーソナルスペースに接近しながら話を聞くことができることになる。

スペースへの侵入を相手が許していれば、親しい雰囲気で話ができるし、侵入を嫌がっているようならば、少し距離をとるといいだろう。

相手が「それ以上近づかないで」と感じているとき、あまり話したくない内容に触れられたときには、どうしても姿勢がのけぞるようになったり、視線をはずしてそっぽを向いたりもする。表情もなんだか居心地が悪そうになっているはずだ。

逆に、「この話は聞いてほしい！」というときは、相手から身を乗りだして聞き手に接

近してくる。

このように、相手がどれくらいパーソナルスペースを調整する（近づいたり離れたりする）かによって、聞き手は相手の気持ちを知ることができるのである。

話を聞きやすい環境作り

パーソナルスペースの話に関連して、〝場所選び〟についてもぜひ触れておきたい。

男性の場合、酒を飲みに行こうということになると、ついつい馴染《なじ》みの店に相手を誘いがちだ。

相手がどんな話をしたがっているかを考えずに、「とりあえずあそこ行く？」というぐあいに誘ってしまう。

楽しい話を聞くならそれでもかまわないが、深刻な話や、ほんとうに親身になって話を聞きださなくてはならないときは、そんな雰囲気にふさわしい店をセッティングしてあげるところにまで気を配りたいものだ。

もちろん、パーソナルスペースだけでなく、照明の明るさ・暗さ、周囲の雑音の多さ・少なさ、店自体の広さ・狭さなども重要な要素となってくる。

たとえば、みんなでワイワイ仕事の成果を祝おうというとき、鹿威《ししおど》しが「カーン」と鳴

人にはそれぞれ心理的な〝なわばり〟がある

るような京料理屋では、盛りあがろうにも盛りあがりようがない。
「楽しい話を聞くならあの居酒屋、仕事の話は個室があるあの小料理屋、部下の相談に乗るならあのワインバー……」というぐあいに、聞きだす内容に応じてふさわしい場所を提供することも、聞く技術のひとつといえる。

(3) ミラーリング

相手の表情をコピーすることで信頼感が生まれる

「ミラーリング」は、言葉のとおり、相手の鏡のように振る舞う技術のことだ。
2章でとりあげた「リピート」は、相手の

気持ちを受けとめ、そのまま返してやる技術だったが、ミラーリングは相手のしぐさやポーズ、顔の表情までもまるごと真似るテクニックである。

たとえばつぎのようなポイントでミラーリングしたい。

▼相手が笑顔なら聞き手も笑顔に

▼相手が悲しそうなら、聞き手も悲しそうな表情に

個人差はあるものの、人の感情はストレートに表情となってあらわれやすいものだ。言葉の通じない外国人とのコミュニケーションがある程度まで成立するのも、表情から相手の気持ちを読みとることができるからなのである。

ミラーリングでおなじ表情を返すことによって、相手は、

「話がしっかり通じている」

「共感してもらっている」

「自分のことを理解してもらえている」

という気持ちになり、

「あなたにもっと話したい」

相手のしぐさやポーズ、表情などを真似るうちに、心理的な波長が合ってくる

と思うようになる。

極端な話、ミラーリングするだけで、たとえひと言も言葉を発しなくても、相手から話を引きだすことができるのである。

逆に、悲しい話を聞いているときも、楽しい話のときも、つねに仏頂面《ぶっちょうづら》でしか聞いてくれない人には、だれも積極的に話しかけようとしないだろう。

本人にはそのつもりがなくても、仏頂面は、「話を早くやめてくれ」というメッセージとなって相手に伝わる。

相手が悲しい話をしているなら、大げさなぐらい悲しい表情で返そう。

相手が楽しい話をしているなら、聞いているこちらはもっと楽しくなってきたよ、という表情で相手の感情や気持ちをフィードバックしてあげよう。

言葉のテクニックを使うよりも、よほど大きな効果があるので、ぜひ実践していただきたい。

顔の表情のほかにも、相手のしぐさをミラーリングするのもおなじ効果がある。

たとえば、相手がグラスを持ったら、相手とおなじ手でグラスを持つ、相手が脚を組んだら、おなじ脚をおなじように組む、というように、しぐさを単純に真似るだけのことだが、おなじポーズをとることにより心理的に波長が合ってくる。

波長が合えば自然に話も合ってくるのである。

(4) オープンとブロック

不安の大きさによって変わる腕組みの位置

ブロックとは、手や腕によって身体をかばうようなしぐさのことをいう。それとは逆に、オープンは両腕を広げるような感じで相手の話を聞くしぐさだ。

ブロックのわかりやすい例が「腕組み」である。あなたも意識してみてほしいのだが、初対面の相手やあまり親しくない相手と話すとき、ついつい腕組みをしながら話を聞いてはいないだろうか。

心理学的にみれば、腕組みして身体を防御する姿勢をとるのは、相手に対する「不安」がそうさせている、といえる。

一三一ページのイラストで示すとおり、防御の気持ちが強くなればなるほど腕組みする位置は高く、そして固くなる。

初対面の相手に対して警戒心を抱いているときや、また親しい間柄であっても、相手の悩み話を聞いたり、話題に詰まったとき、「うーん……」などと言いながら腕組みをしてしまいがちだ。

これは人間であれば当然の心理的な作用なのだが、聞く技術としてはふさわしくないしぐさである。

相手にはなるべく防御や警戒の姿勢を見せるべきではない。

そうしないと、自然と相手も防御や警戒を強めてしまうことになるからだ。

腕組みだけではなく、「脚を組む」のもブロックのしぐさとなる。これも、気持ちしだいで組み方が微妙にちがってくる。

たとえば、横に並んで座っているとき、相手がいる側に脚組みをすれば上半身が相手の方向に開くので、距離感も縮まり親しい雰囲気を作ることができる。

しかし、相手とは反対側に脚を組み、そのうえ腕組みでブロックしようものなら、相手は遠ざけられているような印象を受けるし、ともすれば、あなたからの「拒絶」のメッセージと受けとってしまうだろう。

腕組みの位置で不安の大きさがわかる

(5) 声のトーン

楽しい話題は高めのトーンで

相手が気持ちよく話ができるよう、ぜひ心がけていただきたいのが「声のトーン」のバリエーションを、なるべく幅広く使いわけることだ。

たとえば、相手の話に共感して「そうなんですね」と言うとき、声のトーンの高い／低いによって、相手に与える印象がまるで変わってきてしまう。

◎OKダイアログ

A「今度の休暇でタヒチに行こうと思ってるんだよ」

B「そうですか！」［高いトーン］

A「そうなんですよ！　それでね……」（楽しく話題がつづけられる）

楽しい話題、うれしい話題を聞くときには、なるべく高いトーンで返してあげたほうが、相手はテンポよく話をつづけやすい。

相手とおなじトーンでしゃべる

これとは逆に、相手が深刻な話や悩みごとを口にするときは、低いトーンを使って話を聞いてあげるほうがよいのは言うまでもない。

◎OKダイアログ

A「じつは女房と別れようと思ってるんだ」
B「そうなんですか……」［低いトーン］
A「ああ、そうなんだよ。聞いてくれるかな、この話……」（内面を語りだす）

話を聞くとき、声のトーンをちゃんと使いわけている人は少ない。とくに男性は、どんな話題でも低めの抑揚のないトーンで反応してしまいがちである。

これまでに女性から、「私、なんかつまらない話しちゃったかな?」などと言われたことがある人は、せっかくの楽しい話に低いトーンで返していた可能性がある。

また「リピート」や「ミラーリング」の技術を応用して、相手とおなじ声のトーンで返してやるのもひとつの手だ。

重要な話題は低くゆっくりと

トーンの使いわけとセットで覚えておきたいのが、しゃべるスピードの緩急《かんきゅう》だ。

▼速くしゃべる人……アクティブで楽しく積極的な印象

▼ゆっくりとしゃべる人……思慮《しりょ》深く謙虚《けんきょ》、まじめそうな印象

お笑いタレントは高いトーンと早口でぺらぺらとしゃべり、渋い俳優は低いトーンでゆっくりと話すことを考えればわかりやすいだろう。また、一般的には若い女性ほど早口だし、年輩の男性になるほどゆっくりと話をする。

とくにティーンエイジャーなどは、「ちょムカ！」「キモい！」などの短縮語をテンポよくくりだし、気持ちを表現しあう。

よく「最近の若い娘の気持ちがわからん……」などと悩む人がいるが、いくらじっくり膝をつき合わせて話を引きだそうとしても、双方の会話のスピードがまったくちがうため、会話をしているような気持ちになれないのは当然だ。

ところで、速くしゃべる人と話していると、楽しくはなっても、信頼できる気持ちになるかどうかというと疑問である。「なにか隠しごとがあったり、ウソをついてだまそうとしているから早口なのでは？」などと疑わしい気持ちになるものだ。

ときおり、どこでデータを入手したのかわからないが、自宅や会社に怪しげなセールス電話がかかってくることがないだろうか。電話の向こうの相手はかならずと言っていいほど過剰《かじょう》に早口でまくしたててくる。いかにお得か、いかに今がビッグチャンスなのか、ペラペラペラ……。

じつはまっとうなセールスなのかもしれないが、早口でまくしたてられるだけで、「これは怪しいな」という印象を受けてしまい、話を聞く気になれなくなってしまう。

あなたがビジネスで重要な取引や交渉をするときには、声のトーンを低めにし、ゆっくり考えながら返答をするといい。そうすることで、あなたの信頼性は高まり、相手も話をしやすくなるだろう。

緩急とトーンの達人「みのもんた」を目指せ！

ところで、あなたの身の回りにいる〝聞き上手〟な人をじっくり観察してみると、ひじょうに豊かな声のトーンとテンポに緩急をつけて、相手からグイグイと話を引きだしているのに気づくだろう。

テレビの世界でいえば、みのもんたさんが最高のお手本かもしれない。彼のことを優れた〝話術〟の持ち主だと思っている人が多いが、じつはたいへん高度な〝聞く技術〟の持ち主である。

昼のワイドショーで観客の主婦を相手にするときは、気さくな雰囲気でテンポよく、「お嬢さん! どこから来たの? 茨城? あっ、そうなの〜!」という調子で話題を引きだしてみせる一方、パネルを示しながらの健康や医療など専門的な話題になると、「ガンにならない食品の条件……。まず、第一に…………これ、意外ですよ。さぁ……なんでしょう?」など、とたんにテンポを一〇分の一ぐらいにまで落として、視聴者にじっくり考えたり予想して楽しむ時間を与えてくれる。

電話相談のコーナーでも、相談の内容が深刻になるほど、声のトーンを下げ、ゆっくりと相手を促すようにしながら話を引きだしていく。

このようにして相手からたくさん引きだすことができるから、会話は楽しく盛りあがるし、言いにくいことも言えてしまったりする。みのさんが司会者として引っぱりだこの人気なのは、「聞く技術」の達人だからなのだと思う。

話し上手だと思われている人ほど、じつは聞き上手なのである。

(6) アイコンタクト

相手の目を見る。

視線をはずす。

また相手の目を見る……。

あなたは相手の話を聞くとき、どれくらいのタイミングでこのような「アイコンタクト」を行っているだろうか。

欧米人のあいだでは、基本的にじっと相手の目を見つめて話すことが常識、マナーとされている。逆に、日本では失礼にあたる、とされているようだ。どちらが正しいということではないが、適度なアイコンタクトは、「聞く技術」として使えるテクニックである。

基本的なアイコンタクトの法則として、

初対面の相手に効果的な技術

▼二秒合わせて一秒はずす法則

これを覚えていただきたい。とくに初対面の相手や、ビジネスの相手にはこの法則が有効だ。というのも、目を一度も見なければ、相手にそっぽを向いているのもおなじであり、逆に、じっと見つめすぎるのは、相手に圧迫感を与えてしまい、話がしにくくなってしまうからである。

×まったく目を見ないで聞くと、相手はどう思うか

「私の話はつまらないのかな」

「早く話をやめてくれということかな」

「私のことが嫌いなのかな」


×じーっと相手の目を見つめて聞くと、相手はどう思うか

「なんか話しにくいなぁ」

「私の話を疑っているのかな？」

「私を品定めしているのかなぁ」

発言者を孤独にしない心くばりもたいせつ

わざと視線をはずすテクニック

しかし、相手の話の内容によっては、少し法則を調整したほうがいい。相手が打ち明け話、悲しい話、つらい話、恥ずかしい話などをしているときには、かならずしも視線を合わせる必要はない。そんなときは、わざと視線をはずすことによって、たくさんの話を引きだすことができる。

たとえば、あなたが女性の知人からセックスに関するまじめな悩みを聞いているとしよう。そんなとき、あなたが相手の目をじっと見つめていたら、相手はどう感じるだろうか？

彼女の立場に立って想像していただければ、言わんとしていることがご理解いただけると思う。

話題の内容によって、視線を合わせたり、はずしたりすることを意識して行うようにしよう。

会議の場でこそ生きてくる

一対一の場面では注意してアイコンタクトすることができても、複数が参加する会議やミーティングの場になると、つい気がゆるんで、話し手へのアイコンタクトをさぼってしまう人が多い。

たとえば、会議でだれかが発言しているとき、多くの人は目の前にあるレジュメや資料、手帳などに視線を落とし、話者にはあまり積極的なアイコンタクトをしないものだ。

そのような状況のなかで話をしていると、さびしい思いをするだけでなく、話がちゃんと伝わっているのかどうかが確認できない。

そんなとき、聞き手としてはつぎのことを心がけよう。

▼発言者が口を開いた瞬間に、顔を上げてチラッと視線を送る

これだけで、少なくともあなただけは話を聞いてくれている、ということが発言者に伝

わる。

だから、あとで質問したり、反論があるときでも、へんに感情的な言い争いにならずにすむ。

また、ほかの参加者がうつむいているとき、ひとりだけ顔を上げて視線を送ることで、

「ちゃんと自分の話を聞いてくれているんだな」

と好印象を勝ち取れるのである。

(7) うなずき

状況によって首を振る角度を使いわける

うなずきとは、首を縦に振るだけの単純なしぐさだ。しかし、よく観察していると、

「ちゃんとあなたの話を聞いていますよ」

「お話はよくわかりますよ」

「もっともっと話してもいいですよ」

と、意味のこもったうなずきができている人は意外に少ない。たとえば、おなじうなず

きでも、つぎのようなちがいがある。

●──速いうなずき／浅いうなずき

「コクッ」という感じで相手の話に素早く感応し、うなずいてみせる。すると、相手には、「もっと話してほしい」「ここまでは十分理解できましたので、つぎをどうぞ」というメッセージとして伝わる。文章の句読点でいえば、相手の話の「、」の部分で使ううなずきだ。相手の話を促進する効果がある。

●──ゆっくりしたうなずき／深いうなずき

「ふ〜ん」「う〜む」と上半身全体（少し肩が動くぐらいが目安）を使った深いうなずきは、相手の話をすべて聞き終わったあと、

「じっくり理解しています」

「ちゃんと言っていることを受けとめましたよ」

などの合図として使うとよい。文章の句読点でいえば「。」の部分で使うべきうなずきだ。

しかし、この二種類のうなずきを覚えるだけでは万能とはいえない。話の内容によっても、うなずきの仕方を変える必要があるからだ。

深刻な話、まじめな話をしている相手に、アゴでしゃくるような「あぁ、あぁ、あぁ」という浅く素早いうなずきを連発すると、

「そんなどうでもいい話、もうよしてくれよ」

「もうその話は聞きあきたよ」

「おまえの話なんか、ぜんぜんおもしろくないんだよ」

というメッセージとして伝わってしまう。とくに上司から説教されたり、アドバイスを受けているときにやってしまいがちなしぐさなので注意したい。

◎OKダイアログ

A「この前さ、フグのフルコース、生まれて初めて食べたんだぜ！」

B「うんうんうん！」（すばやく細かいうなずきで返す）

A「それがさぁ、もう、ウマイのなんのって……」（相づちを受けて調子よくしゃべることができる）

楽しい話には速く浅めのうなずきで話を促進し、深刻な話ではゆっくり深めのうなずきで相手の考えや気持ちを受けとめるのだと覚えておこう。

3章のポイント

◎「正面ポジション」は交渉ごとに、「真横ポジション」は相談ごとに有利。応用が利くのが「斜めポジション」

◎相手におちついて話させたいときは、自分の左側に座らせてあげる

◎初対面の相手の正面に来るときは約一メートル、横に来るときは約三〇センチの距離をとる

◎相手の表情やしぐさを「ミラーリング」することで信頼感が生まれる

◎不安が大きくなるほど、腕組みの位置は高く、そして固くなる

◎横に座った相手に向かって脚組みをすれば、上半身が相手の方向に開き、距離感も縮まって親しい雰囲気を作ることができる

◎楽しい話は高めのトーンで、深刻な話や悩みごとは低めのトーンで返す

◎重要な話題は低くゆっくりしゃべる

◎初対面やビジネスの相手には、「二秒合わせて、一秒はずす」アイコンタクトを

◎会議の場では、発言者が口を開いた瞬間に、顔を上げてチラッと視線を送る

◎楽しい話には浅く速めの、深刻な話には深くゆっくりめのうなずきを

4章

実践編Ⅰ

相手が言いにくい・自分が聞きにくい話をどう聞く？

後半の4、5、6章では、これまで紹介してきた言葉、身体による聞く技術を、現実の場面で〝実践的に〟活用する方法を学んでいこう。

ここまで本書をお読みいただいたあなたには、すでに十分なほどの「聞く技術」が蓄積《ちくせき》されている。今度はそれを実際の会話のなかで積極的に使ってほしいのだ。使っていくうちに、技術には磨きがかかり、鋭さが増す。いずれどんな場面に直面しようとも、洗練された「聞く技術」を駆使できるようになるだろう。

とくにこの章では、ビジネス上の聞きにくい話ややこしい話を聞くとき、基本編で身につけた技術をどのように活かすかを学んでほしい。まず、上司と部下の関係から見ていくことにしよう。

(1) 失敗の原因

責める聞き方

その月の営業ノルマを達成できなかった部下。前月比の六五パーセントしか数字をクリアできなかった……。

部下が成績不振に陥っているとき、まず上司がなすべきことは、部下からその原因を聞きだすことである。あなたなら、どんな言葉をかけるだろうか？

×NGダイアログ

上司「おいきみ、どうしたんだね、この成績は？」
部下「はぁ……すみません」
上司「ちょっとヒドイんじゃないの？　いくらなんでもこりゃ」
部下「……すみません」
上司「どうしちゃったんだよ、なんでこんなことになったんだい？」
部下「はあ、すみません」
上司「すみませんじゃわからんだろ！　ちゃんと説明したまえ！」

この上司の聞き方は質問のかたちこそとっているが、部下の失敗をなじったり責めたりするときの聞き方である。これでは、相手の痛手・傷口を広げるだけで、逆効果にしかならない。

「小さな質問」の積み重ねで、善後策を引きだす

部下が失敗をしたときは、正面からはっきりと叱ったほうがいい。

たとえば、「上司として、ちょっとこれは困るんだよ」などという言い方だ。回りくどく責めるよりかはよっぽどいい。

ただ、叱るのはかんたんだが、上司がほんとうにやるべきは、部下の失敗の原因を徹底的に聞きだしてやることだ。

ここで使えるのが「小さな質問」を重ねていく技術である。

つまり、想起質問などの答えやすい質問で問題を具体的に絞ってあげると、失敗をリカバーするために、またおなじ失敗をくりかえさないために自分がどう行動すべきか、相手は質問に答えることで導かれるのである。

たとえばこんな聞き方で引きだしていくといいだろう。

◎「どうしてできなかったか、三つ原因を考えてみてくれるかな?」
◎「つい手を抜いてしまったことがなにかなかっただろうか?」
◎「とりあえず今日のところは、なにができるだろう?」

さらに別の視点を投げかけてみるのもいい。

◎「もしぼくがきみの立場だったら、この問題をどう解決するか考えてみてよ」

◎「だれか力になってくれる人はいるかな？」

「クローズド」を使うのも手

もしそれでも相手が答えられなかったら、「クローズド・クエスチョン」を使ってみる。

◎「もしかしたら原因はこれかな？　それともこれ？」

◎「ノルマが達成できなかったのは、なにかのトラブルのせいかな？　それとも今月は体調が悪かったのかな？」

◎「外回りの回数が少なかったのかな、それとも回数自体は変わってないのかな？」

先の小さな質問とのセットによって、失敗の原因が明確になるように絞りこんで聞いていく。すると、徐々に問題はクリアになり、相手のなかに「そうか！」という気づきが起こる。

◎ＯＫダイアログ

上司「きみ、今月はずいぶんと成績が悪いじゃないか」

部下「はぁ……すみません」

上司「なにがあったんだい？　なにかトラブルを抱えていたとしか思えないんだけど」［クローズド］

部下「ええ、じつは先月、お客様とトラブルを起こしちゃいまして。その処理に追われていました」

上司「そうなのか、そういうことがあったんだな。では、来月の成績を上げるにはどうすればいいか、考えつくポイントを具体的に三つあげてみてくれるかな？」

［小さな質問］

(2) 意見、アイデア

意見が出ないのは、「採点・評価」されるのが怖いから

午前九時、ある企業の月例会議。局長、部長、課長、そして部下たちが一五名ほど顔を並べ、大きな会議室のテーブルを囲んでいる。

×NGダイアログ

局長「以上、これが新規プロジェクトの概要なんだが、なにか意見はないかね？」
全員「………」
局長「ん？　意見がある者はいないのかね？」
全員「………」
局長「まったく、黙ってちゃわからないだろ！」

意見が出ない会議ほどムダなものはない。それは、この局長が活発な意見が出るのを

妨《さまた》げ、だれも口を開くことができないような聞き方をしているからだ。

×「だれか意見はないのかね？」
×「意見がある者は言ってみろ」
×「なにかアイデアはないのか？」

などの聞き方がそうだ。ただでさえ目上の立場の人間にはものを言いにくい。そのうえ、まるで責めるような口調で、

×「なんでもいいから言ってみろ」

と聞かれたら、聞かれたほうは威圧感を感じ、

「こんなこと言ったら、笑われるんじゃないか」

「言いたいことはあるけど、へたに突っ込まれるとヤバイからやめておこう」

「きっとだれかが先に口を開くだろう。おれがなにか言うのはそのあとでいいや」

と、発言に対して消極的になってしまうのも無理はない。自分の意見が「採点・評価」

されることを恐れるからである。

「やわらかく」強制する

だれも口を開かないときは、会議の進行役を務める人物が、個別に意見を聞いていくと意見が出やすくなる。

◎「じゃあ、ひとりひとつずつ意見を言ってもらおうかな」

というぐあいに聞いていけば、遠慮してしまっておいたアイデアであっても、発表せざるをえないからだ。「自由に挙手してください」と言われるとまわりが気になるが、こうした〝やわらかな強制〟で意見を発表する場面を与えられると、人は気楽に発言できるようになるのである。

ハードルを下げてみる

また、会議の仕切り役としては、参加者が答えやすいように、質問のハードルを下げてみるのも効果的だ。

◎「どんなにくだらないことでもいいから、教えてくれないかな？」

このように、〝査定〟されないことが保証されていれば、なにか発言してみようという気になれる。さらに、〝回答例〟を示して、ヒントを与えてあげるのもいい。

◎「〝教科書的〟な答えをするなら、計画は延期ということになると思うんだけど、きみはどう思う？」

◎「わが社の方針として、長年このやり方でやってきているが、今回はどうだろうか？」

などと聞いていけば、「私としましては……」と答えやすくなる。

そのとき、出てきた意見は、ひとまず受け入れるよう注意を払おう。「なんでも言っていい」と前置きしながら、なにか答えると「なんだそりゃ、ちゃんと考えてるのかね⁉」と切り返したのでは、それこそかけたはしごを途中ではずすようなものだからである。

大きな質問では意見は出せない

会議で参加者からの話を聞くとき、どうしても「大きな質問＝処理質問」を投げかけるクセがついてしまっている人が多い。

「意見は？」「いいアイデアは？」というのは、ひじょうに答えにくい大きな質問だ。たとえば、議題の細部にわたるディテールについての意見がほしいのか、あるいはプロジェクト全体についてなのか、聞かれているほうは判断がつきかねる。

また、なにか意見を持っていたとしても、質問が大きすぎると、「今は、そのことを言う場面じゃないのかな」と、発言をためらうこともある。発言するタイミングを計っているうちに会議は進行し、結局なにも言えないままモヤモヤとした気持ちだけが残ることになる。

そしてあとになって、「じつはあのことなんですけど……」と言いに行くと、「きみ、なんであのときに言わなかったのかね？」などと責められてしまったりするのも、ありがちなことだ。

絞りこみ、深める

大きな質問を避け、クローズド・クエスチョンや「話を深める」技術を使っていくと、答えるほうはひじょうに意見を出しやすくなる。

たとえば、まずはクローズド・クエスチョンで、だれもがはっきり答えられる質問をする。

◎「この件について、一〇〇パーセント賛成の方は手をあげてください」

◎「疑問を少しでも持っている方は手を挙げてみてください」

相手はどちらかに答えればいいし、よほど回答に迷う難しい質問でなければ、どちらかに手をあげて答えるだろう。

引きつづき、大きな質問をかみ砕いていく。

◎「きみが賛成する理由を三つぐらい聞かせてくれないかな」

◎「まず〝不安材料〟をできるだけたくさんあげてみようか」

そこで出た意見に対し、さらに、

◎「A君はこう言っているけど、B君はそれに対してどう思うかな？」

と個人に質問を振っていくこともできる。

あなたが会議の進行役を務めるなら、このように〝指揮者〟として積極的にタクトを振るようにすると、自ずと会議は活性化していくだろう。

◎ＯＫダイアログ

局長「以上、これが新規プロジェクトの概要なんだが、スケジュールの点で問題はないかな？　不安材料があったら、A君教えてくれないかな」（個別に具体的な質問を振る）
部下A「はい。販売部門との調整がもう少し必要になってくるかもしれません」
局長「なるほど。ほかに販売との折衝《せっしょう》については、きみはどう思う？」
部下B「ええ、ぼくも彼の意見に賛成です。現状ではひじょうに難しいですが」
局長「そうか。じゃあどんなことが障害になっているか、三つほど例をあげてみてくれないかな」［小さな質問］

(3) 反論

聞かずに打ち返すな

アフターファイブの居酒屋で、おなじ部署に勤める同期のAとBが飲んでいる。日頃は仲のいいふたりのあいだで、会社の方針を巡って、日ごろたまっている鬱憤《うっぷん》を晴らすかのように激論がつづいていた。

×NGダイアログ

A「いやー、ウチの部署、ノルマがきつすぎるんだよ。なんで部長、あんなに張り切っちゃってるのかな」
B「部長には部長の方針があるんだよ」
A「おまえはそう言うけど、たまには定時で帰らせてもらいたいもんだぜ」
B「バカ言うなよ、仕事なんだからしょうがないだろ。おまえはいつまでたっても子供なんだから」

A「なんだよその言い方は！　それぐらいおれだってわかってんだよ！」

Bの聞き方のまずかった点は、相手の意見を受けとめることなく、いきなり反論を出してしまっているところだ。とくに男は勝ち負け、勝負にこだわる生き物である。日常の会話でも、「負けてなるものか」と、相手の主張とは反対の意見をすぐに返したり、はねのけようとする傾向が強い。

たとえば、会話の最初に、「いや」と前置きして話しはじめる男性が多い。

×NGダイアログ

「こうすべきだと思うんだよ」

←

「いや、そんなのおかしいよ」

「いや、おれはそうは思わないね」

「いや、そういうことじゃないんだよ」

いつまでたってもラチの明かない男どうしの大論争は、こうして朝までつづいていく。

それを「男社会」というのなら、早く消えてなくなってほしいとさえ思ってしまう。

まず受けとめること、そして要約

まずは相手の意見なり主張をちゃんと聞く。そうしたうえで、

◎「きみはそう考えてるんだね」

と、受けとめることにポイントがある。「人の言いなりになれってことか！」と早トチリしないでほしい。受けとめることと、相手に迎合することとはまったくちがう。このことをよく理解していただきたい。

相手の話をちゃんと聞こうとするなら、まずは受けとめること。そして、反論があるなら、そのあとで、

◎「ぼくはこう思うんだけど……」

とつづければいいのだ。それだけで、相手はあなたのことを「ちゃんと話を聞いてくれ

る人」として認めるようになる。
また、相手の主張が長すぎたり曖昧だったりする場合には、確認の言葉をはさむのも効果的だ。

◎「なるほど、きみの話を聞いていると、会社のやり方には反対ということなのかな？」
◎「社長にひとこと言ってやりたい、っていう気持ちなのかな？」

これで、少なくとも無意味な言い争いがはてしなくつづくようなことはなくなるだろう。相手は熱が冷めるように冷静になって話すことができるからである。

相手をつぶす「決めつけ・結論づけ」

相手の話を、「いや」で受けてしまうことのほかに、勝手な決めつけ・結論づけをして聞いてしまうことがある。相手がなにかを言えば、最後まで話を聞かず、さえぎるように、

×「それはさ……ということだろ」

と返してしまうのである。最後まで話を聞いてもらえない相手は、それだけでもストレスになるのに、自分の言いたいこととはまったくちがうところに話のオチをつけられてしまう。とにかく話を最後まで聞けない人というのが少なくない。

大義名分をふりかざさない

だれかが弱音を見せたとき、悩みを漏らしたとき、相手の気持ちを受けとめることなく、いきなり大義名分をふりかざし、切って捨てるような聞き方は避けなければならない。

×「おまえ、営業なんだからノルマなんて当たり前だろ」

×「それがおまえ、ビジネスっていうものなんだ。学生気分じゃ困るよ」

そんなことはだれでも承知しているのである。わかっていても、つらいものはつらい。だから聞いてほしくて、その素直な気持ちを口にしているのだ。

◎OKダイアログ

A「いやー、ウチの部署、ノルマがきつすぎるんだよ。なんで部長、あんなに張り切っちゃってるのかな」
B「ノルマがきついのか？」［リピートで確認］
A「そうなんだよ。まったくよう、たまには定時で帰らせてもらいたいもんだぜ」
B「おまえ、今たいへんなんだな」［共感で受けとめる］
A「そうそう、もうヘトヘトだよ……」
B「ひとつ言わせてもらっていいかな。そういうときはさ……」［許可を得て、反論など自分の意見を述べる］

(4) 仕事のやり方

聞き方であなたの能力が測られる

入社二年目の社員が、最近担当になった取引先との仕事の進め方について、先輩に質問している。

ところがこの若い社員、先輩から反感を買ってしまったようである。どんな聞き方がいけなかったのだろうか？

×NGダイアログ
後輩「あの」
先輩「ん？　これ？　ああ、今度提出するプランの企画書のことか。どうした？」
後輩「ええ。よくわかんないんスよね……。これ、どうすればいいんですか？」
先輩「なんだって？　いま忙しいんだ。あとにしてくれないか」

わからないことは、人に聞く。これは当たり前のことである。

しかしそのとき、聞き方がまずいと、教えてもらえなかったり、評判が下がってしまうことがある。とくに、社会人になって間もない新人が注意すべきポイントだ。

まず、よくないのが、「教えてくれて当たり前だ」というような態度やセリフである。たとえば、NGダイアログのなかの、「どうすればいいんですか？」というセリフに、そのようなニュアンスを嗅《か》ぎとることができる。

先輩にしてみれば、あたかも、「先輩なんだから、後輩に教えることも仕事だろ。早く教えろよ！」と言われているような気になったとしても不思議ではない。

「どうすれば」とは、言うまでもなく「大きな質問」である。聞かれたほうとしては、「なにが、どんなふうにわからないのか」、また、「どこをどう教えればいいのか」を考えてやらなくてはならない。忙しい仕事のさなかに、瞬時《しゅんじ》にそこまでは頭が回らないものだ。

「あの先輩は不親切だ。ちっとも教えてくれない」などと文句を言う前に、あなたが相手の気を損《そこ》ねるような聞き方をしていなかったかどうか、反省すべき点があるだろう。

「教えてほしい」の三段活用

評価を下げないためにも、ちゃんとしたものの聞き方をするように心がけてほしい。

一、「教えてもらえませんか?」（身近な先輩に）
二、「教えていただけますか?」（上司に）
三、「教えていただくことは可能でしょうか?」（立場がひじょうに上の人に）

まるで日本語の教科書のようだが、質問を持ちかける人の立場に応じて、これら三つのちがいを正確に区別しておく必要がある。

目上の人になるにつれて、ていねいな聞き方をしたほうがいいのはもちろんだが、すべての聞き方に共通しているのは、「教えてもらう」という謙虚な態度が言葉として明確にあらわれている点だ。

つまり、「わからないんです」「どうすればいいんですか」と、いきなり教えてもらうことを強要するのではなく、まずは「教えてもらえる」かどうかを聞くべきなのである。

◎OKダイアログ

部下「～について教えていただきたいことがあるんですけど、よろしいですか？」
上司「ああ、いいよ」
部下「ありがとうございます。まずお尋ねしたいのは……」

ワンクッションはさんで聞くだけで、受ける印象はずいぶんちがってくるものだ。

最初から他人に頼りきった聞き方

ぶしつけな質問をするのは、なにも若い世代ばかりではない。こんなセリフで聞くことがクセになっている人はいないだろうか。

×「で、どうすれば～でしょうね？」

たとえば、新しい商品の販売計画について、ミーティングをしている最中、話がまだ終わっていないというのに、「で、どうすれば売れるんでしょうかね？」などと聞く人がいる。

このような聞き方は、なんにも考えず努力もしないで、最初から人に頼りきっているというマイナスの印象を与えてしまう。

こうした場合、なるべく具体的なポイントを突くような聞き方がいい。たとえば、つぎのような「小さな質問」で話の領域を狭める技術だ。

◎「女性客に売りたい場合、なにかポイントはありますでしょうか？」

感謝の言葉をかならずつけ加える

あなたは人からなにかを教えてもらったとき、どのようなセリフで感謝の言葉を口にするだろうか。

「ありがとうございます」などと自然に出てくればいいのだが、会話の流れのなかで、つい、不適切なセリフを口にしてしまうことはないだろうか。

×「あ〜、やっぱり」（相手の反応→じゃ最初から聞くな！）
×「そうですよねぇ」（相手の反応→答えてあげた意味がない）
×「そうかなぁ……」（相手の反応→反論するな！）

「あ〜、やっぱり」にしろ、「そうですよねぇ」にしろせっかく教えてあげたのに、あたかも最初から知っていたようなセリフに聞こえ、ひじょうに失礼な印象を与える。「そうかなぁ」と言えば、まるで反論である。

自分ではそんなこと言うわけがない、と思っているかもしれないが、案外、ポロッと口をついて出てきてしまうので注意してもらいたい。

人からものを教えてもらったときは、「ありがとう」の言葉だけではなく、つぎのようなひと言を加えるとさらに効果的だ。

◎「なるほど！」
◎「そういう発想はなかったなあ、勉強になりました」

◎「やっぱり＊＊さんに聞いてよかったです」

これで相手は気分がよくなり、これからもあなたの質問に喜んで答えてくれるようになるだろう。

◎OKダイアログ

部下「あの、山田さん。ちょっと教えていただきたいことがあるんですが、今、よろしいですか？」（〝教えてもらえる〟かどうか尋ねる）

上司「ああ、今度提出するプランの企画書のことだね。どうしたんだい？」

部下「ええ。〝女性にも売れる〟ってもっとアピールしたいんですよ。でも、この企画書だとちょっとその点が弱いような気がするんですよね」［小さな質問］

上司「そうだな……」（ひととおり教えてくれる）

部下「ありがとうございました！　山田さんに聞いてよかったです」［感謝の言葉］

(5) 言葉のウラ側

「ぼんやりとした不満足感」をはっきりさせる

ある広告代理店とクライアント企業との会議。来期にスタートする広告展開について、代理店側が企画を提案している。

×NGダイアログ

広告代理店　「前回お渡ししました企画書の内容で進めさせていただきたいのですが、御社で検討していただいた結果はいかがでしたでしょうか？」

クライアント「うーん、その件なんですがねぇ。なんていうのかなぁ……。なんかね、いまひとつなんだよねぇ」

広告代理店「えー、そうですか。では、どういたしましょうか？」

クライアント「いや、どういたしましょうって言われてもね……」

広告代理店「どこがご不満なのでしょう？」

クライアント「いやいや、べつに不満っていうわけじゃないんだけどね……」

クライアント側には明確な不満があるわけではないのだが、いまひとつ決め手に欠くというか、迷わせる要因がどこかに潜《ひそ》んでいるらしい。それさえ聞きだせれば……。

だが、NGダイアログのように、「どういたしましょう？」という大きな質問で聞いてしまっては、ますます答えづらくなるし、「どこがご不満ですか？」などと聞けば、「不満」というセリフが相手の心に引っかかる。

こんなときは、「気づき」を促す技術が効果的だ。相手の心のなかにある迷いやモヤモヤを自分自身で気づかせたり、明確なビジョンとして見せてあげるのだ。

◎「では、このプランを導入していただいたとします。そして一か月後のことをイメージしていただけますか？　さて、そのときどんなことをご心配されておられるでしょうか？」

◎「では、このシステムを導入していただいたとします。そして御社の役員の方に報告に行かれるところをイメージしてください。どの点を役員の方はご指摘になると思われますか？」

このように、今とはまったくちがう角度から問題を眺めてみてもらうと、

「予算面で社内のすりあわせが難航するかもな……」

「会社の方針からすると、ちょっと飛躍した広告展開なので、説明するときが不安だな……」などと、気づくことができる。そこで浮かび上がった「気づきのビジョン」を目の前の課題にフィードバックして、問題をクリアにし、解決策を提示していくのである。

カウンセリング的セールス法

おなじテクニックは、モノを売る仕事をしている人、たとえばカーディーラーが顧客《こきゃく》にクルマを販売するときにも、かなり役立つはずだ。

どのクルマを購入するか、いくつかの候補はあがっているのだが、悩んだあげく、どれにしていいかわからなくなってしまった顧客がいるとする。そんなとき、ディーラー側が、

×「どうしましょうか?」

などと聞いていたのでは、いつまでたっても顧客は決心することができない。

◎「奥様がこの車をお使いになるとしたら、どんな感想をおっしゃるでしょうね」
◎「ご両親のご実家はどちらですか？　帰省されるときは、やはりおクルマで？　そんなとき、どんなドライブになると思われますか？」
◎「五年お乗りになるとしますね。五年後お子さんはおいくつでしょうか？」

こう、ビジョンを見せて「気づき」を与えてあげることで、

「ウチの女房はバンだと車庫入れが難しいとか文句を言いそうだな」

「実家は遠いから、乗り心地最優先でいきたいな」

「子供はまだ小さいから、べつにバンじゃなくてもいいな」

「家族四人で帰省することを考えると、やっぱりバンにしておいたほうがいいかな」

と、未来を想像しながら結論を下すことができるだろう。

また「クローズド・クエスチョン」で、
◎「ご予算の点はいかがですか？　あるいは装備のことが気になりますか？」
などと聞けば、引っかかっている点をクリアにしていくこともできるはずだ。

「このクルマで大丈夫ですよ、問題ありませんよ」で押し通すセールストークでは、顧客は納得した買い物ができないのである。

◎**OKダイアログ**

営業マン「前回お渡ししました企画書の内容で進めさせていただきたいのですが、御社でご検討いただいた結果はいかがでしたでしょうか？」

クライアント「うーん、その件なんですがねぇ。なんていうのかなぁ……。なんかね、いまひとつなんだよねぇ」

営業マン「ご予算の点でしょうか？　あるいは購買層《こうばいそう》の設定の点が気になられますか？」［小さな質問］

クライアント「うん、たしかに、購買層の点では気になる点があるね」

営業マン「そうですか。ではまずその点からクリアにしていきましょう。気になられる点をいくつでも結構ですので、おっしゃっていただけますか？」

(6) 不平・不満

「不満」と言われたら、答えられないのがふつう

このところ浮かない表情の部下が、食堂でひとりポツンと昼食をとっている。仕事がうまくいっていないようだし、会社への不満もあるようだ。

部下の姿を目にした上司は、「なにか悩みでもあるにちがいない。聞いてやろう」と思い、となりの席に座って話を聞いてみることにしたのだが……。

×NGダイアログ

上司「となり、座っていいかな？」
部下「はあ、ええ」
上司「どうしたんだい、最近、浮かない顔だね。なにか会社に不満でもあるんじゃないのかな？」
部下「……いえ、そんなんじゃないです」

上司「いいじゃないか、不満があるなら言ってくれよ」
部下「いいえ、ないです。ほんとうに」

上司が部下の悩みや問題を引きだしてやろうとするとき、気をつけるべきは、ネガティブな言葉を当てはめようとしないことである。

たとえば、NGダイアログのなかでは「不満」という言葉がネックになっている。「不満はある?」と聞かれても、なかなか「はい」とは答えにくいものだ。

不満を口にすれば、自分のわがままをさらけだしているようだし、また部下として悪い評価をされるのではないかと心配になりもする。

それに、浮かない表情をしているからといって、かならずしも仕事のことで不満があるとはかぎらない。

彼女とケンカをして落ち込んでいるのかもしれないし、朝までテレビゲームに熱中して頭がボーッとしているだけなのかもしれない。

マイルドな表現で聞く

あなたが部下や後輩から不満や悩みを聞こうと思ったら、ネガティブな言葉をマイルド

「なにか不満があるのか？」では、相手を責めているのも同じ

な表現に置き換えたり、ワンクッション置いた聞き方にしてやるといいだろう。あいさつ代わりに、「調子はどうだい?」などと話しかけたあと、具体的にはこんなセリフで聞くのがよい。

◎「なにか最近浮かない顔をしているように感じるんだけど、気のせいかな?」

「そうですね、ちょっと疲れていますね」などと相手が話しはじめたら、話題を深めて問題の根本を探っていけばいい。

私が多くの若いビジネスマンに取材したところ、部内の不満や問題点を聞きだそうとする上司が、なにかといえば、

「きみたちががんばってくれないと、おれの立場がなくなるんだから」

「冬のボーナスはきみたちの働きにかかってるんだ」

などと前置きすることがよくあるのだそうだ。

これらのセリフは、〝照れ〟が言わせているのかもしれないが、言われたほうとしては、

「なんだよ。心配なんて口だけで、ほんとは自分がかわいいだけじゃないか」

という反発心がかき立てられるのみだ。

◎ＯＫダイアログ

上司「となり、座っていいかな？」
部下「はあ、ええ」
上司「最近どうだい？　なんか浮かない顔しているように感じたんだけど、気のせいかな？」［ネガティブな表現をマイルドに］
部下「……ええ、わかりますか？」
上司「うん。もしかしたら仕事のこと？　なにか気になることがあるのなら言ってみてほしいな」［話を深める］
部下「そうですか。じつは……」

(7) 能力を引きだす

過去と現在の問題を聞きだす

ある企業の企画部に勤めるA。入社して五年目。これまでは先輩社員のもとで数々の仕事をこなしてきたが、先輩の異動にともない、大きな仕事をひとりで任されることになった。

自分の実力を試されるときが来たのだ。やりがいはある。しかし、不安もつのる……。

×NGダイアログ

上司「どうだい、今度の仕事。進んでいるか?」
A「ええ、まあ」
上司「なんだ、元気ないじゃないか。だいじょうぶか?」
A「えっ、ええ……」
上司「きみがそんなことじゃ困るよ。ほんとうにひとりでできるのか? 問題が起きたら責任とれるのか?」

Ａ「はあ、まあ……。たぶん……」

上司「おいおい、そんな状態でだいじょうぶなのか?」

Ａ「はあ。でもやっぱり、ぼく……辞退させていただいたほうが……」

上司「いまさらなに言ってるんだ! やる気がないのか!」

部下の不安をあおるだけあおっておきながら、弱気なところを見せると「やる気がない」「根性がない」「それでも男か」などと叱りつける上司。

古いタイプの上司像といえるかもしれないが、実際、このような聞き方でしか部下と接することができない人もまだまだ現存するようだ。部下を励ましているつもりのところがまた始末が悪い。

上司が部下を励まそうとするとき、励ますだけでなく、「聞く技術」を使って部下の力を引きだしてあげたい。聞き方ひとつで、部下は自分の能力に自信を持ち、目の前に立ちはだかる仕事に向かっていくことができるようになる。

上司と部下の関係にかかわらず、相手を励ましたい場面で効果を発揮するのが、「過去の成功体験」を思い出させることだ。たとえば、こんなセリフである。

◎「いまの不安な気持ち、これまでにもなん度か経験しているんじゃないのかな？」

相手の不安な思い出を掘り起こしているだけのようだが、それがまず重要だ。どんなことでもいいから、過去の不安な経験を想起してもらう。子供のころのことでもいいし、大学受験のころの心境でもいい。

「うーん、そういえば、こんなことがありましたよ……」

と相手が話しはじめたら、その話に耳を傾ける。そして、

◎「じゃあそのときはどんな気持ちだったの？　結局、うまく乗りきれたのかな？」

と聞きだしていくのだ。

すると、多くの場合、「昔は死ぬほど悩んだことでも、いまここで生きているということは、なんとか問題をクリアすることができたからなのだ」ということを思いだすだろう。悩んだり不安になっている当人は、目の前の問題に飲み込まれ、過去に成功した体験を忘れてしまいがちだからである。

そして、いま現在抱えている問題と、過去にクリアした問題の両方を目の前に取りだして、これからすべきことに目を向けさせてやるといい。

◎「そのときに学んだことで、今回の仕事に活かせることはあるかな？」
◎「その不安をなくすために、上司のぼくができることはあるかな？」
◎「きみのまわりにだれか協力してくれそうな人はいるかな？」

などと聞いてみる。すると、自分自身の能力を思いだし、上司や同僚など、自分を応援してくれている人々の存在をたしかなものとして感じることができるはずだ。

励ますときにつけ加えたいひと言

また、もっと明確な言葉で相手を励ますときにも、注意してもらいたいことがある。

×「がんばれよ」
×「やればできるよ」
×「なんとかなるって」

×「きみならだいじょうぶだよ」

などと、ついイージーに励まして、相手にプレッシャーをかけてしまうようなことを私たちはやりがちだ。これらのセリフに欠けているのは、「だいじょうぶ」「できる」ということの明確な根拠である。根拠なき励ましは、相手をよけいに不安がらせるだけなのだと知ってほしい。

このような言葉を口にするときは、あなたがそう思う根拠を、「なぜなら」「なぜかというと」の後に述べる。それだけで、相手の受ける印象が変わってくる。

◎「なぜなら入社以来きみを見ているけど、あのときもきみのがんばりで難しい仕事をクリアできたじゃないか」

◎「なぜかというと、去年のあの仕事もきみの活躍でやり遂げることができたと、ぼくは思ってるからだよ」

また、そのような成功体験がどうしても引きだせないのなら、不安の原因になっている仕事を、どうしてその部下にやってほしいのか、具体的な理由を述べてあげる。

さらにその理由も思いつかないなら、

◎「ここで苦労してもらうことで、きみには大きく伸びてほしいんだよ」

と声をかけてみるのもいい。その仕事を成功させれば、少なくとも自分だけは認めてやる、喜んでやるということを伝えるのである。

そのときにも、「期待してる」「がんばれ」のゴリ押しではなく、どうして期待しているのかをはっきり伝えること。それがほんとうに相手の心に響く励ましなのである。

◎OKダイアログ

上司「どうだい、今度の仕事。進んでいるか？」
部下「ええ、まあ……」
上司「ちょっと不安を感じているのかな？」
部下「はあ。たぶん……」
上司「いまの不安な気持ち、これまでにもなん度か経験しているんじゃないかな？」
[過去の不安な気持ちを思い出させる]

部下「そうですね……。仕事じゃないですけど、大学受験の前の日みたいな気分なんです」
上司「そうか。じゃあそのときはどんな気持ちだったの？　結局、うまく乗りきれたの？」〔問題をクリアしたことを思い出させる〕
部下「ええ、まあそうですね。そういえば、なんとか乗りきれましたね……」（そのときの話をする）
上司「ちょっとたいへんだと思うんだけど、今度の仕事もどうだろう。がんばってくれるかな？」〔励まし〕
部下「ええ、やれそうな気がしてきました」

(8) 納得を得る

ビッグ・クエスチョンを解きほぐす

一五人の部下を仕切る営業部長。彼は大学時代、ラグビー部で活躍したとかで、典型的な体育会系気質の持ち主だ。面倒見はよく、仕事もできる。責任感もある。

しかし、ちょっとした問題がある。部下にもよく声をかけてくれるのだが、部下はいつも彼の迫力に押され気味で、彼が納得するような答えができないのだ。あなたなら、上司にこう聞かれたとき、どのように答えるだろうか？

×NGダイアログ

上司「よう。なかなかがんばってるじゃないか。いいぞ！　ところできみは将来、ウチの会社でどんなことをやりたいと思ってるんだい？　聞かせてくれよ」
部下「えっ。はあ……そうっスね……」
上司「なんだ、将来のこととか考えないのか？」
部下「いや、そんなことはないんですけど」
上司「じゃあなにかあるだろう。聞かせてくれよ」
部下「いや、べつに……」
上司「べつにって。夢も希望もないねえ、きみは！　おれが若いころなんかは……」

「たまには〝飲みニケーション〟してみようかな！」などと言いながら、部下との関係を深めようとしている上司があなたのまわりにもいるかもしれない。部下に気を使って積極的に声をかけてくれるのはたしかにありがたいものだ。

しかし、あなたの上司に「聞く技術」がまったくないとしたら、ときとしてこちらが戸惑ってしまったり、気分が悪くなるような質問を投げかけてくることがある。

上司がいったいなにをあなたから聞きだしたかったのか、ここはひとつ、あなたのほうが大人になって「聞き返す技術」を活用してみよう。

まず「きみは将来、なにをやりたいんだね?」という質問は、「大きな質問」である。この質問の裏には、上司があなたにほんとうに言いたいことや、あなたから引きだしたいことが隠されている。

たとえば、業績を上げるためのアドバイスや人生訓、会社での処世術や人事関係の情報などである。

それなのに、「いえ、べつに……」というすげないセリフで返してしまっては、「なんでオレの話を聞いてくれないんだ!」という上司の欲求不満は高まるばかりだろう。

その不満はいつしか、「覇気《はき》が感じられない」「自分のことしか考えていない」「上司を上司とも思っていない」など、あなたへの批判へとすり替えられてしまう恐れもあるのだから、やっかいである。

上司の「大きな質問」を解きほぐすには、具体的な質問で聞き返すことが有効だ。

◎「仕事のことですか？　それともプライベートなことですか？」

◎「長期的な話ですか？　それともここ数か月のことをお話ししましょうか？」

などと〝逆質問〟することによって、あなたが答えやすくなるような質問を相手から引きだすのである。

「ああ、長期的な展望でも聞かせてもらおうかな」ということであれば、

◎「いずれ＊＊さんを追い越せるぐらいになりたいですね」

◎「こんなプロジェクトを手がけてみたいと思っているんです」

◎「いずれは独立を目指してキャリアを積んでいきたいんですよ」

などと、具体的に答えることができる。また、

◎「こんなプロジェクトを手がけてみたいと思っているんですが、どうすれば実現できま

すかね？」

◎「＊＊さんに近づけるようにがんばっているのですが、どうすれば早く追いつけるでしょうね？」

などと逆質問で聞いていくのもいいだろう。

上司は自分の豊富な経験のなかから、あなたへの最適なアドバイスとなるエピソードを語ってくれたり、どうすればあなたが目指す目標をクリアできるか、知恵を与えてくれるはずだ。

◎OKダイアログ

上司「よう。なかなかがんばってるじゃないか。いいぞ！　ところできみは将来、ウチの会社でどんなことをやりたいと思ってるんだい？　聞かせてくれよ」

部下「そうですね、なにからお答えしようかな。夢みたいなプロジェクトを考えているんですけど、そのことでもいいですか？」［具体的な質問で聞き返す］

上司「ああ、いいじゃないか、それ」

部下「じつはですね、………」（夢にしている大きなプロジェクトの計画を話す）

上司「素晴らしいね！　せっかくだからアドバイスさせてもらうとね……」（有益な情報やアドバイスを与えてあげることができる）

4章のポイント

◎「失敗の原因」の聞き方↓小さな質問やクローズド・クエスチョンを使う
◎「意見、アイデア」の聞き方↓「やわらかく」強制する、クローズド・クエスチョンを使う、質問のハードルを下げる、話を深める
◎「反論」の聞き方↓まず受けとめる、要約、「さえぎり・決めつけ・結論づけ」はしない
◎「仕事のやり方」の聞き方↓「小さな質問」で具体的なポイントを突く、謙虚な態度を言葉にあらわす、感謝の言葉をかならずつけ加える
◎「言葉のウラ側」の聞き方↓気づき、ビジョンを使う
◎「不平・不満」の聞き方↓マイルドな表現、話を深める
◎「能力を引きだす」聞き方↓現在と過去の問題を掘り起こす、根拠ある励まし
◎「納得を得る」聞き方↓大きな質問を具体的な質問で聞き返す

5章

実践編Ⅱ

性別・年齢・性格のちがう人の話をどう聞く？

この章では会話の相手に応じた「聞く技術」の使いわけ方を紹介する。相手の年齢、性別、話し方の特徴によって、あなたの技術を柔軟に、臨機応変に対応させるといいだろう。

(1) 女性

男女の会話スタイルは根本的にちがう

ある企業の企画部。二〇代の女性社員が同僚の男性に相談を持ちかけている。任された仕事がうまく進んでいないらしい。

相談に乗ってあげようとした男性だったが、どういうわけか女性の機嫌《きげん》を損ねてしまった。励まして彼女を勇気づけようとしたのだが……。

×NGダイアログ

♀「ちょっと相談したいんだけど……」

♂「なに?」

♀「今度のプレゼン用の企画書を作っているんだけど、なんだか調子がでないのよ。

私にはこの仕事、向いてないのかもしれないな……」
♂「おいおい、いまさらなに言ってるんだよ。そんなことじゃ、企画の仕事は務まらないぞ！」
♀「なによ、その言い方。ヒドイわね！」

同性どうしのときにはスムーズに会話が弾むのに、異性を相手にすると話が盛りあがらなかったり、相手の気を損ねてしまったり、ときには傷つけてしまうこともある。

会話のスタイルは大きく分けて「男性型会話」と「女性型会話」の二つがある。男性には男性特有の会話スタイルがあり、女性には女性の会話スタイルがあるのだ。

会話スタイルがちがうから、すれ違いが起こるのは当然のことだといえる（拙著・扶桑社刊『女にいらだつ男、男にあきれる女　すれちがい会話に学ぶ心理学』に詳述）。

だからこそ、男性が女性にものを言うとき、話を聞くときには「女性型会話スタイル」を尊重してあげることがキーポイントになる。

女性にこう聞いてはいけない

「男性型会話スタイル」で女性の話を聞くとき、犯してしまいがちなポイントをあげていこう。

×説教モードに入る

冒頭のNGダイアログがこのパターンに当てはまる。相談を持ちかけてきた人に対して、男性はなにかと〝説教〟をしてしまう。

「しっかりしないとダメじゃないか」
「そんなことではやっていけないぞ」
「もっと自覚を持って仕事に取り組め」
「それをやってこそ一人前だ」

このような叱責《しっせき》にも近い励ましのセリフは、相手が男性の場合にはまだしも、女性にはまるで効果がないと知っていただきたい。これは完全に男性型だ。

×アドバイスしてしまう

また、ついついよけいなアドバイスをしようとするのも男性の悪いクセだ。

×NGダイアログ

♀「わたし、今どき恥ずかしいんですけど、パソコンって苦手なんですよね」（相手の男性との会話のきっかけに、パソコンの話を持ちだしてみた）

♂「ああそうなの、ダメじゃん！　ぼくなんか、ホラ、これでスケジュール管理とかやってるんだけど、すごい便利なんだよ（と言って最新機種のＰＤＡを見せる）。きみも買ったらどう？　なんなら今度の日曜、秋葉原に行く？　つき合うよ」

（女性に対して気の利いたアドバイスをしたつもりになっている）

♀「はぁ、いえ、いいです」（パソコンは苦手だって言ってるでしょ！）

しっかりしたリアクションで共感をあらわす

女性の話を聞くとき、忘れてはならないのが「共感」で聞くテクニックだ。「共感」は男女を問わず重要な技術だが、とくに女性が相手のときは威力を発揮する。

女性どうしの会話の基本トーンは、

「そうそう！」

「わかるわかる！」

「わたしもー！」

など仲間内で共感しあうことにある。これができない男性は、女性の会話の輪のなかには入りにくいのだ。

なにかアドバイスや励ましの言葉を返したいときも、そのセリフをグッとこらえ、まずは相手の女性に共感を示すといい。

◎「そうか、きみはそういうことで悩んでいたのか」
◎「きみはそういうふうに考えているんだね」

これはけっして〝同情する〟ことではない。

相手の話を聞き、頭のなかで「そういうことで悩んでいるのか」と、話をまとめるぐらいの余裕を持つといいだろう。

◎OKダイアログ
♀「ちょっと相談したいんだけど……」

♂「えっ、なに？」
♀「今度のプレゼン用の企画書を作っているんだけど、なんだか調子がでないのよ。なんか、私にはこの仕事、向いてないのかもしれないな……」
♂「そうか、ちょっと悩んでいるんだ」［共感］
♀「そうなの、だってなにもかも初めての経験なんだもん」
♂「初めてっていうのは、けっこうたいへんだよね。どんなことで悩んでいるの？」
（相手の抱える問題点を具体的に聞きだしてあげる）

(2) 口の重い人

矢継ぎ早に質問してはいけない

社内でも〝無口〟として知られる同僚Bから、なんとか話を聞きだしたい。ちゃんと聞いてあげれば答えてくれるはず。そう思って話しかけてみたのだが……。

×NGダイアログ

A「ねえねえ、きみはいまどんな仕事をしてるの？」
B「えっ、ええ……」
A「忙しいの？　それともけっこうヒマ？」
B「……うん」
A「えっ、どっちどっち？」
B「いや、あの……」
A「じゃあさ、仕事が終わったらなにしてるの？　休みの日とか」
B「いや……」
A「趣味とかないの？」
B「……ええ。いや……」
A「ふーん」（もういいや、知らん！）

口数が少ない人から話を聞きだすときは、相手の会話のペースを崩さないように注意したい。ゆっくり考えて話すことが、相手にとっては心地のいいペースかもしれないからだ。

そういう相手に対し、「なにか聞きだそう」との気持ちから、勢い余って矢継ぎ早に質問を浴びせかけてしまったのがNGダイアログの例だ。

答えやすくするために「小さな質問」を使う

無口な相手から聞きだしたいときは、「小さな質問」を使うといい。大きな質問、つまり「どうなの?」「どうしたいの?」「なに考えてるの?」などという聞き方は、無口な人はとくに答えにくいはずだ。

仕事のこと、家族のこと、趣味のことなどを、答えやすいかたちで聞いていく。手応えがあった話題では、少し間口を広げて話を深めていく。このくりかえしで、相手は自分のことを話しやすくなる。

自己開示していく

質問の仕方を変えても、相手が話に乗ってこないときはどうすればよいか。そんなとき、「なんとしても話をさせる」という態度をやめてみよう。「この人はしゃべるよりも話を聞くほうが好きなんだな」という発想に切り替え、思いきってあなたが心を開く(自己開示)ようにするといいだろう。

◎「ぼくはドライブが趣味なんですけど、加藤さんはドライブは好きですか？」
◎「ぼくはいまこんなことで悩んでいるんですけど、佐藤さんは悩みはありますか？」
◎「ぼく、この前グアムに行ったんですけど、高橋さんは最近旅行に行かれましたか？」

まずあなたが自分の話をし、相手に聞いてもらう。そして相手に問いかける。最初は「うん」とか「ええ」としか答えてくれないかもしれないが、こういう態度で聞いていくと、相手も自分のペースで話すことができる安心感から、「ぼくは……」と話しはじめるようになるだろう。それでも相手が口を開かないならば、ここはひとつ、相手に「聞き役」になってもらい、あなた中心で会話を進めていってもよい。

ママさんに学べ

職場ではしんねりむっつり。それなのに、夜の街へくりだすと、とたんにいきいきと自分を語りだすタイプの人もいる。行きつけのスナックやクラブで、ママさんやホステスさんを相手に、仕事の愚痴や家族の話、趣味の自慢話などをぺらぺらしゃべっている。あなたの身の回りにも、そんな人がいるのではないだろうか？

なにも女性相手だからよく舌が回るとはかぎらない。彼女たちが客の話を聞くプロフェッショナルであるがゆえに、ふだんは無口な人でも口を開くのだ。

仕事の帰り、店に立ち寄れば、

「おかえりなさーい。今日もお疲れさま！」と相手の労をねぎらう。

仕事の愚痴を口にすれば、

「ほんとうにたいへんよね〜。ウチの店もいま苦しいわよ」などと共感する。

ゴルフなど趣味の自慢話をすれば、

「まあスゴイ！　今度教えていただこうかしら？」などと自尊心をくすぐってくれる。

商売上のトーク術ではあるが、彼女たちが客を盛りあげようとする技術には、おおいに参考にすべきものがありそうだ。

(3) 話が終わらない人

否定することなく話の流れを切る

×NGダイアログ（職場で）

部下「あの、すみません。A社からの契約書の件なのですが……」
上司「いっやー！　おれも前から気になってたんだけど、すまないね、そのままになっててさ。っていうのもね、課長がまたほら、あの人なにかっていえば人のこと呼びつけてさ、ぐだぐだ言うわけよ。今日もね、いきなりMTT社の納品の遅れの件でさ～」（話が終わらず用件を切りだせない）

自分の話ばかりして、まったくこちらの話に耳を傾けようともしない人がいる。用件があるのにいつまでたっても切りだせなかったり、延々とつづく話そのものが退屈でしょうがないと感じた経験は、あなたにもきっとあるはずだろう。

黙って聞いているといつまでも終わらないので、こちらから切るしかない。だが、

×「その話は置いといてですね……」
×「そんなことよりぼくが言いたいのは……」

などのセリフは、相手の言っていることを批判したり、否定したりするニュアンスが含まれている。

ほんの一瞬で口をついて出てきそうなセリフだが、相手によっては「なんて失礼なやつだ！」と怒らせてしまう結果を招くだろう。そうならないためにも、まず「そうですね」と話をしっかり受けとめた態度をあらわし、それから、「それでですね」と、相手の話をそれとなくさえぎって自分の用件を話すタイミングを作る。

また、「要約」の技術を使い、

◎「ああ、それは＊＊の件ですよね。ぼくが言いたいのは……」

というぐあいに、こちらが先に話をまとめてしまうテクニックもある。

相手の気分を害することなく、話に割りこむ法

また、自分が話しはじめていいかどうか、わかりやすいセリフで相手に聞いてみると話がしやすくなる。たとえば、

◎「そこでちょっと提案があるのですが、いいでしょうか？」

◎「ぼくの意見を言わせてもらってもいいでしょうか？」

などと、許可をもらってから話を切りだす。まさか「話してもいいでしょうか?」と言って、「ダメだ」という相手はいないだろう。

人の話を聞かず、いつまでもしゃべりつづける人は、言うまでもなくしゃべりたいからそうしている。だから基本的には、好きなだけしゃべらせてあげたほうがいい。

だが、ビジネスの場合、そうばかりもしていられない。そのようなときは、「早く話をやめろ」という気持ちを抑えた聞き方を心がけたうえで、相手の口を封じるようにするのがポイントだ。

◎OKダイアログ(職場で)

部下「あの、すみません。A社からの契約書の件なのですが……」

上司「いっやー! おれも前から気になってたんだけど、すまないね、そのままになっててさ。っていうのもね、課長がまたほら、あの人なにかっていえば人のこと呼びつけてさ、ぐだぐだ言うわけよ。今日もね、いきなりMTT社の納品の遅れの件でさ~」

部下「ああ、その件はぼくも聞いていますよ。たいへんだったんですよね? ところ

で、ぼくの用件、お話ししてもいいですか？」（許可を求める）
上司「ああ、なに？」
部下「A社からの契約書の件……」（相手の話を要約し、自分の話を切りだすことができた）

(4) 説教くさい人

相手を水戸黄門だと思え

成績の悪かった部下が上司のデスクに呼ばれている。また説教話なのだろう。胃がキリキリと痛みはじめる……。

×NGダイアログ
上司「どうしたんだね坂田クン、これじゃあなんのための販売計画かわからないよ」
部下「はあ、すみません」

上司「そのくせキミ、今月はずいぶん残業が多いそうじゃないか」
部下「すみません」
上司「あのね、会社はキミにムダな給料を払ってるってことになるよね。まったく上司としての私の管理責任もあるんだから、しっかりしてもらわんと困るよ」
部下「すみません」
上司「さっきから聞いてれば、すみません、すみませんって口ではかんたんに言うけどさ、ホントにわかってるのかね。だいたい先月もキミは……」

しつこい説教を聞くのは、たいへん苦痛である。心のなかでは「うるさいよ、バーカ！」と相手を呪いつつも、口では「すみません、以後気をつけます！」としか言えない。ストレスもたまる。精神衛生上、よくないことだ。

しかし、聞き方がよくないために、相手の説教が終わらないということもある。聞き方しだいで、長々とつづく説教話をある程度短く切り上げさせることができるのだ。

まず、いちばんやってはいけないのは、「うるさい！」など、感情的になってしまうことである。説教を聞くときに望ましい態度とは、

「ハハァッ！　あなた様のおっしゃることは一〇〇パーセント正しく、わたくしはなんの

異論もございません……」と、あたかも印籠《いんろう》を持った黄門様を前にしたかのように、相手に平伏《へいふく》するような態度だ。

それではプライドが許さない、という人もいるだろうが、これがもっとも説教を早く終わらせるテクニックとなる。

なぜなら、説教をする人は、「自分の言っていることを相手に認めさせたい」と考えているものだからだ。それをアドバイスや提案として表現するか、愚痴や説教で表現するかのちがいだけである。

そこでへんに口答えをしたり、反抗的な態度を見せれば、相手は自分のメッセージが伝わるまで延々と説教をつづけることになる。

「すみません」は逆効果

また、相づちの打ち方にも気をつけたい。

×「はぁ」（気の抜けたよう）
×「はいはいはいはい」（もううんざりと言わんばかり）
×「………」（ただ沈黙するだけ）

このような聞き方をすれば、ますます説教は長くなり、「それだけじゃないぞ」とばかりに、別件の説教を持ちだされる危険がある。

また、説教の最中は、安易に謝罪のセリフを口にしないようにしたい。機械的に「すみません」をくりかえしても、相手はほんとうに自分の説教が届いているのかどうか確信が持てない。

◎「なぜいままで気がつかなかったのでしょうか。言われてみてよくわかりました」

などと、相手の説教を身にしみて理解したようなセリフを先手を打ってだし、最後にこうつけ加える。

◎「おかげさまで自分の至らなさが身にしみてわかりました。ありがとうございます」

感謝の言葉まで述べられたら、相手はつづきを言いようがなくなってしまう。

こうしたテクニックを駆使しながら積極的に聞く態度を示すことで、終わりなき説教を封じ込めることができるのである。

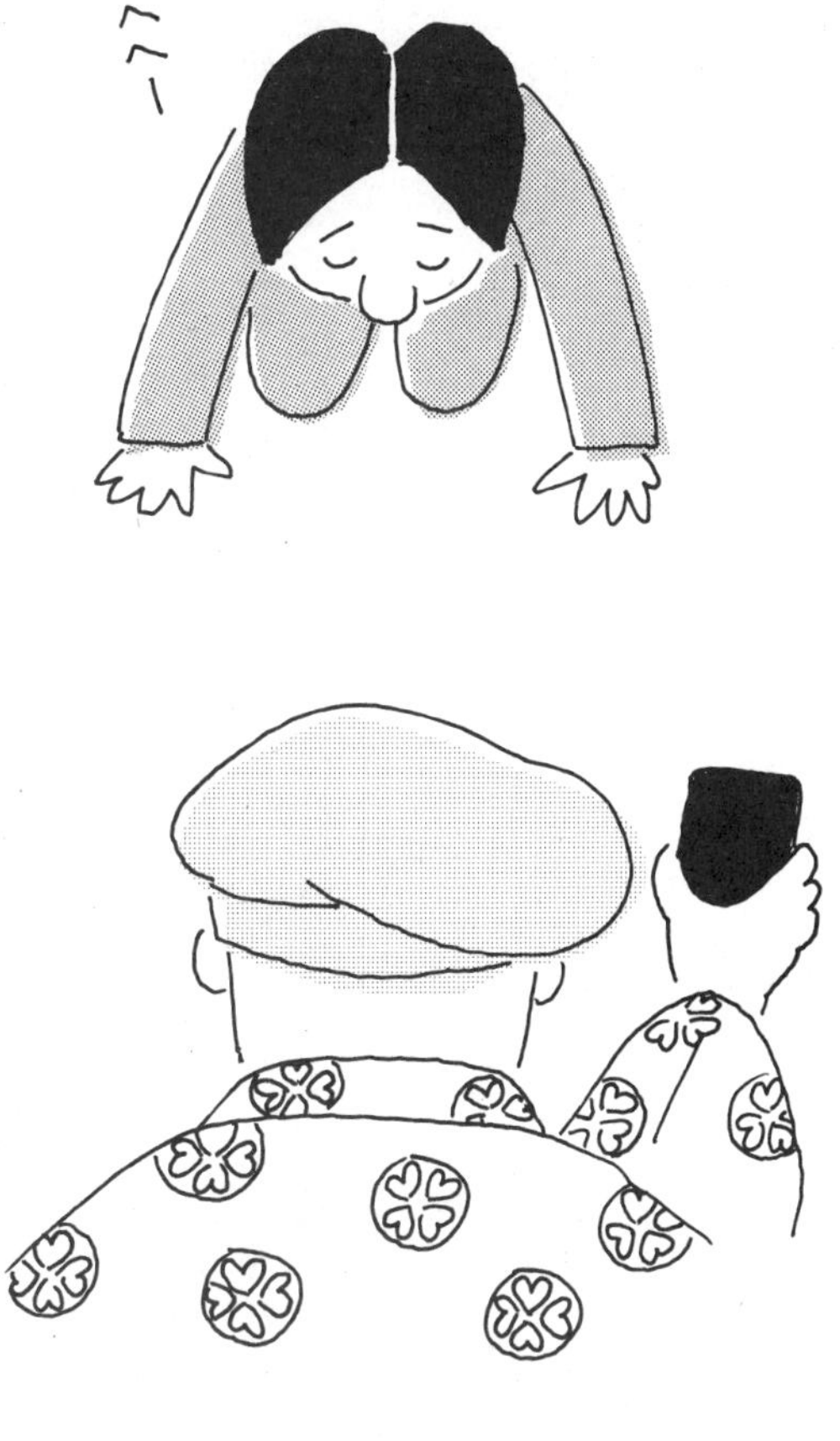

ひれ伏さんばかりの聞き方をすれば、説教は意外に早く終わる

◎OKダイアログ
上司「どうしたんだね坂田クン、これじゃあなんのための販売計画かわからないよ」
部下「ええ、ほんとうにおっしゃるとおりです、申し訳ございません」［全面降伏］
上司「そのくせキミ、今月はずいぶん残業が多いそうじゃないか」
部下「はい、給料泥棒みたいで、ほんとうに心苦しい日々を送っています……」
上司「まあ、わかっていればいいんだけどね。以後、気をつけてくれたまえよ！」
部下「ハッ。ありがとうございます！」（説教を短く切り上げさせることができた）

(5) ベテラン、年輩者

ベテランほど人に教えたい気持ちが強い

ある中規模のファミリー経営の企業。社長は二代目に替わり、前の社長は会長になった。しかしこの会長、最前線で働く喜びが忘れられないらしく、たびたび現場スタッフに声をかけては煙たがられている。

×NGダイアログ

会長「どうだい、A社との取引は。うまくいってるか?」
社員「はあ、だいじょうぶだと思います」
会長「なんだい、ずいぶん自信がないじゃないか、ええ!?」
社員「いやぁ、そんなことはないですけど……がんばります」(視線を合わさず、上の空の態度)
会長「まあそう言うけどねぇ、きみらの年齢だと、がんばります、でまだ通用するかもしれないが、あと十年もしたらそうとばかりは言ってられなくなるぞ」
社員「はぁ」(心のなかの「うるせえな」が表情に出てしまった)
会長「おいコラッ、きみね、わしが年寄りだと思ってバカにしてるんだろっ!」(まずいっ! 怒らせてしまった)

ビジネスの世界では幅広い世代の人々とつき合っていかなければならない。二〇代前半の血気盛んなころは、概してベテランの話をちゃんと聞けないものだが、彼らの話を十分に引きだすことができれば、いい勉強になることはまちがいない。

長く経験を積んだベテランは、現在の実績では若い世代に劣るとしても、どこかで「経験豊富なオレのほうが上」という意識があるので、プライドを傷つけるような聞き方は避けなくてはならない。

ベテランの心をつかむコツは、「教えてください」と素直に教えを乞《こ》う態度にある。たとえば、こんな前置きで話を聞くと、相手は喜んで答えてくれるだろう。

◎「まだ若造なものですから」
◎「まだまだ経験不足なものですから」
◎「ぼくではなかなか思いつけないので」
◎「ここはぜひ、営業経験四〇年の田中さんの協力がほしいんですよ」

などのセリフで、人生経験・ビジネス経験の豊富さを持ちあげながら聞いていけば、相手は気分よくアドバイスをしてくれるだろう。

人は概して〝教え魔〟である。なかでも、ベテランほど、人に教えたい気持ちが強い。それが彼らの役割でもあるからだ。

たとえば、ゴルフのフォームについて聞こうものなら、「なんだい、若いクセにだめだネェ」などとブツブツ言いながらも、「テイクバックはこう、ほらこうして……グリップはそんなんじゃ真っ直ぐ飛ばないゾ」などと、じつにうれしそうにアドバイスしてくれる。殊勝《しゅしょう》な態度で教えを乞うことによって、なにかトラブルが発生したときには親身になって相談に乗ってくれたり、あなたの味方についてくれることもあるだろう。

「経験なんて関係ない。若いオレのほうが上なんだ！」という態度や話の聞き方は、実力的に上回っていたとしても、コミュニケーションが下手だとしか言えない。

◎OKダイアログ

会長「どうだい、A社との取引は。うまくいってるか？」
社員「はあ、だいじょうぶだと思います」
会長「なんだい、ずいぶん自信がないじゃないか、ええ⁉」
社員「いやぁ、じつはぜひ、会長にアドバイスいただきたいことがありまして」（経験豊富な会長にアドバイスを求める）
会長「そうだね、私が現場にいるとき、いちばん心がけていたことがあるんだがね」
（アドバイスがはじまる）

社員「なるほどそうですか。いいお話をお伺いしました。またなにかあったら、ぜひ相談に乗ってください」
会長「ああいいとも。こんな老いぼれだが、まだまだ気持ちは現役のつもりだよ。アッハッハ」(すっかり上機嫌)

(6) 本心をあらわさない人

自分から本音をうち明ける

飲み会の席、部長に気兼ねして、本音を語りたがらない課長。

×NGダイアログ

部下「このあいだ部長がおっしゃってた新しい方針、どう思われますか?」
課長「うん、いやー、そうだなぁ」
部下「賛成ですか、反対なんですか?」

課長「いやまあね、いろいろあるじゃない……」
部下「はっきりしてくださいよ！　隠すなんてズルイですよ」
課長「いや、そういうわけじゃないんだけどねぇ」

本音を語りたがらない人から本音を引きだしたいとき、聞けば聞くほど逆効果になる聞き方がある。

×責める、皮肉る
「黙ってるなんてズルイじゃないですか！」
「あなたは〝風見鶏〟ですね」

×強制する
「本音で語り合いましょうよ」
「腹を割りましょう」

×脅迫《きょうはく》する

「言ってくれるまで今日は帰りませんよ」
「言ってくれるまで今日は帰しませんからね」

これでは、つつけばつつくほど、貝が殻を固く閉ざしてしまうのとおなじだ。そういうときは気持ちをむきだしにして迫るのではなく、自然に相手が本音を話したくなるように仕向けていく。

それにはまず、相手の感情に訴えかけてみるという方法がある。

◎「聞かせてくれたらうれしいんですけれど……」

というセリフで〝心からのお願い〟の態度を見せたり、

◎「こんなこと聞いちゃって、ホント申し訳ないんですけど……」

と、相手にとって話しにくいことであると理解を示しつつ、それでも聞かなくてはならないのだと詫《わ》びながら聞きだしていく。「申し訳ない」とまで相手に言われてしまうと、

「話さないのも申し訳ないな」という気持ちにもなるかもしれない。
もう少し戦略的な方法は、「自己開示」をしながら聞いていくことだ。

◎「じつを言うと私はあの方針には反対なんですけれど、青山さんはいかがですか？」

と、あなたのほうから先に本音をうち明けてしまう。うち明けられたほうは、「こちらもなにか言わないとずるいかな」という気持ちになり、つい本音を漏らすかもしれない。

また、「あなたが特別な人だから」というニュアンスをつけ加えながら聞いてみるのもいい。

◎「緒方さんだから聞いちゃうんですけど……」

これで自尊心がくすぐられ、つい本音がでてしまう。
自己開示と自尊心へのアピールを併せ、

◎「ここだけの話、大野さんだから話しますけど、じつはぼくは×××なんです。大野さんはいかがですか?」

と聞くのもいい。ますます相手が本音を言わざるをえない状況に追いこむことができるのである。

◎OKダイアログ

部下「こんなことをお聞きしちゃって、ほんとうに申し訳ないんですけど、このあいだ部長がおっしゃってた新しい方針、どう思われますか?」(詫びながら聞きだす)

課長「うん、いやー、そうだなぁ」

部下「山田さんだから申しますけどね、じつは、ぼくは反対なんですよ」

[相手の自尊心をくすぐる]

課長「いやまあね、私もじつは諸手《もろて》をあげて賛成ってわけじゃないんだ……」(本音を語ってくれた)

5章のポイント

◎「女性」の話を聞くとき↓説教・アドバイスを避ける、しっかりとしたリアクションで共感を表す
◎「口の重い人」の話を聞くとき↓矢継ぎ早な質問は避け、クローズド・クエスチョンを使う、自己開示してみる
◎「話が終わらない人」の話を聞くとき↓要約を使う、気分を害さずに割りこむ
◎「説教くさい人」の話を聞くとき↓全面降伏する、感謝の言葉を述べる
◎「ベテラン、年輩者」の話を聞く↓素直な態度で教えを乞う
◎「本心を表さない人」の話を聞く↓皮肉・強制・脅迫を避ける、感情に訴えかける、自己開示をする

6章

実践編Ⅲ

あくびが出そうな話・耳障りな話をどう聞く？

最終章となる本章では、自分にとってあまり興味のない話やおもしろくない話を「聞く技術」を紹介していく。つい気が緩んであくびを嚙み殺したり、感情をあらわにしがちだからこそ、より意識的に技術を使う必要があるだろう。

(1) うれしい話

男性はうれしい話を聞くのが苦手

週末の会社帰り、上司が部下を数人引き連れ、居酒屋で飲んでいる。部下のひとりは大きな仕事をやり遂げたばかりで、みんなにその話を聞いてもらいたかったのだが……。

×NGダイアログ

部下　「聞いてくださいよ！　A社のシステム開発の件、やっと担当者からOKがもらえたんですよ！　半年かけて食いこんだかいがありましたよ！」

同僚A「なんだまた自慢話かよ。おまえ、運がいいだけだよ」

同僚B「そうだよ、だいたいA社の担当者は甘いからね〜。まぐれだよ、まぐれ！」

上司「まあまあ、みんな、そう言うなよ。でもま、これからがたいへんだよな。調子に乗ってると、あとでしっぺ返しがくるから気をつけろよ」
部下「……」（なんだよ、せっかくいい話なのに！）

部下や同僚が大きな仕事を成功させたとき、あなたは相手とおなじように喜んで聞いてあげているだろうか？

喜怒哀楽の感情を抑えがちな男性は、自分の気持ちを表現することがあまり得意ではない。ほんとうはものすごくうれしいことがあっても、「これくらい当然さ」などと涼しい表情をしていたりするものだ。

自分がそんなふうに感情を抑圧していると、仲間が喜びを思いきり表現しているところを見たら、「バカみたいに喜んじゃって……」などと、醒《さ》めた反応をしてしまいがちだ。あるいは、嫉妬《しっと》めいたものを感じてしまい、素直に成功を喜んであげられないこともある。

そんな気持ちはつぎのような言葉になってあらわれる。

×気のない相づち

「ふ〜ん」
「あっそう」
「そりゃ、そりゃ」

×相手の努力を認めないひと言

「まぐれだね」
「運がよかったな」
「ツイてるな」

×警告を発する

「これからがたいへんだぞ。しっかりやれよ」
「それよりも〜の件はどうなった？」

せっかく、うれしい話を持ちかけてきた相手は、このような冷たい反応しか返ってこなかったらどんな気がするだろうか。まるで成功したこと、喜びを感じていることが〝罪〟であるかのような気持ちになるだろう。

これでは、もう二度と、あなたに楽しい話やうれしい話を持ちかけようとは思わない。

喜びのエネルギーを、増幅して相手に返す

相手がうれしい話を持ちかけてきたときには、しっかりと相手の喜びを受けとめ、うれしい感情をどんどん引きだしてあげたい。

コツとしては、相手の喜びのエネルギーをしっかりキャッチして、そのまま相手に返してあげること。うれしい話を聞いて、こちらもおなじようにうれしくなった、というメッセージを投げ返してあげるのだ。

具体的なポイントをあげていこう。

◎ミラーリング

楽しい話を聞くときは、相手とおなじように明るい表情で聞いてあげるといい。

◎ビックリマークつきの合いの手

「よくやったな！」

「すごいじゃないか！」

◎どんどん聞きだす合いの手

「それでそれで?」
「そうなの!」

◎相手の努力・才能を認めるひと言

「やっぱりきみはやってくれるねぇ!」
「期待していたとおりだよ!」

クールな人から、喜びの気持ちを引きだすには

今までとは逆に、成功した本人がまったく喜びを表現しないこともある。照れからくるのか、「まぐれですよ」「たまたまですよ」などと、クールに振る舞ってしまう場合だ。

こういうときは、聞き手の側から相手の喜びの感情を引きだしてあげるようにしたい。

「成功したのはきみが努力したからだ、がんばったからなんだ」

と、うれしい原因を本人に帰属してあげることにより、喜びが自信につながり、またつぎの成功を目指してがんばっていくエネルギーが生まれるのである。

◎OKダイアログ

部下「聞いてくださいよ！　A社のシステム開発の件、やっと担当者からOKがもらえたんですよ！　半年かけて食いこんだかいがありましたよ！」
同僚A「へぇー！　すごいじゃないか！　よくやったなぁ！」
同僚B「ほんと、おまえ、やるなぁ」
上司「うん、じつに素晴らしい。これまでのきみの努力が実を結んだってことだね」
［喜びを受けとめ、うれしい原因を本人に帰属］
部下「はい！　ありがとうございます！」

(2) 悩み

悩みをうち明けられるのは、信頼されている証拠

このところさっぱり元気がないB。なにか悩みがあるようだ。心配になった同僚のAが、彼を飲みに連れ出したのだが……。

×NGダイアログ

A「なにか悩んでいるみたいだな。話してくれよ」
B「うーん。じつはね、五年間つき合ってた彼女にプロポーズしたんだ。そしたらフラれちゃって」
A「なんだおまえ、情けねえなあ。女のことぐらいでメソメソするなよ！」
B「……」（なんて思いやりのないやつだ！）
A「まっ、そんなことは忘れて、今日はパッと飲もうぜ！」
B「……」（そんな気分じゃないんだよ）
A「まあいろいろあるし、〝果報は寝て待て〟っていうじゃないか、なぁ！」
B「……」（どうでもいいけどそのことわざ、使い方まちがってるぞ）

悩みをうち明けられるのは、その人から信頼されている証拠。じっくり悩みを引きだし、解決するように導いてあげたいものだ。
しかし、先にも述べたように、男性は男性独特の会話スタイルで話すことに慣れてしまっているため、悩みを口にした相手の話をしっかり受けとめる前に、アドバイスや説教の言葉で返してしまいがちだ。ほかにも、男性が悩みを聞くとき、やってしまいがちな聞き方のポイントをあげていこう。

×相手の悩み・悲しみを「評価」する

「そんなの悩みのうちに入らないよ」
「悩んでいるだけじゃ解決しないよ」

男性型会話スタイルでは、悩んでいる相手に対して「そんなのは悩みじゃない」とうち消すようにしながら、相手をなぐさめようとする。実際、相手が男性であれば、「そうか、そうだよな。こんなことで悩むなんてどうかしてるよな」と励ましのメッセージとして受けとってもらえることもあるかもしれない。

しかし、女性を相手にした場合は、「ひどい！　私の悩みを聞いてくれない!!」という反応になってしまうから注意が必要だ。

もちろん、深刻な悩みを抱えている男性に対してもおなじことが言える。悩みを低く評価されることによって、「おまえなんかにおれの悩みがわかってたまるか！」という気持ちにさせてしまうのだ。

×格言などでパターンに当てはめる

「まあ、〝人間万事塞翁《さいおう》が馬〟ってことだな」
「〝若いうちの苦労は買ってでもしろ〟、というからね」
「新入社員はだれでもおなじことで悩むものなんだよ」
「〝中間管理職の悲哀〟ってやつですかね」

などと、相手の悩みを「よくあること」だとか、「類型的なもの」とか、「おれには経験済みの、とるに足らない悩み」であるかのように、格言を持ち出して勝手に悩みをまとめようとする人がいる。

こういうセリフを聞かされると、相手は自分の悩みがバカにされたような気がし、それ以上うち明ける気持ちが失せてしまう。

×まったく話を聞こうとしない

「まっ、そんなことは置いといて、今日はパッといこうよ」

「共感」してくれる医者は信頼できる

「場がシラけるじゃないか」

こういう聞き方しかできない人は、自分が悩んでいるとき、あまりそのことには触れてほしくないと思っているタイプだ。だからこそ、あたかも悩みを持ちだした相手を罰するかのような態度になってしまうのである。

「同情」と「共感」はちがう

相手が悩みをうち明けはじめたら、「共感」してあげることを決して忘れないでほしい。

「そうだったのか……」

「なるほど……」

というセリフで、じっくり相手の気持ちを心の底まで深く受け入れている態度を示したい。これで十分に話を聞いていることが相手

には伝わる。さらに、

◎「ああ、きみはそういうことで悩んでいたんだね」
◎「そうか、それはたいへんだね」

とつけ加えることによって、さらに深い共感を示すことができる。

ここで勘ちがいしてほしくないのは、「共感」と「同情」とはまったくちがうものだということだ。

相手が悩んでいることをそのまましっかり聞き入れてあげることが共感であり、哀れだ、みじめだなど、聞き手の側からの感想を述べることが同情だ。とくに男性は同情を嫌う。

悩んでいる人のうち明け話を聞くときは、ただひと言、「そうなのか……」と、共感の態度を示してあげたい。

アドバイスや意見があるなら、それからでも遅くはない。

このことを実感してもらうには、あなたがなにかの病気を患《わずら》い、医者に診《み》てもらうことを想像してみるといい。

患者「先生、お腹のこのへんが痛くてしょうがないんです……」
医者A「あっそう、それは盲腸《もうちょう》ですね。じゃ、切っちゃいましょう」［まったく共感せず、処置の話に移る］
患者「先生、お腹のこのへんが痛くてしょうがないんです……」
医者B「そうですか、それはつらいでしょうね。じゃあ診てみましょう」［相手の痛み苦しみへの共感がある］

あなたはAとB、どちらの医者に診てもらいたいだろうか？　病名を告げてすぐに「切れば治る」と診断する医者より、ひと言、患者の苦しみに共感してくれる医者のほうが、人間として信頼できるのではないだろうか。

あなたは悩みをうち明ける人の〝良き医者〟になったつもりで、最初にひと言、共感のセリフを言ってあげるだけでいいのである。

◎OKダイアログ
A「なにか悩んでいるみたいだな。よかったら聞かせてくれないか」

B「うーん。じつはね、五年間つき合ってた彼女にプロポーズしたんだ。そしたらフラれちゃって」
A「そうか……。そうだったのか」［共感］
B「ああ、それがつらくてね。つい、仕事中も思いだしてしまって……」
A「それはたいへんだったね」［深い共感］
B「ああ。もし迷惑じゃなかったら、この話、もう少し聞いてもらってもいい？」
A「ああ、聞かせてくれよ」

(3) 愚痴

当人だって愚痴の詮《せん》なさはわかっている

上司に不満を感じているAが、同僚Bと飲みに行った席で愚痴をこぼしはじめた。

×NGダイアログ

A「なあ聞いてくれよ。まったくあの部長のやり方、ひどいんだよ」
B「ふーん」
A「おれが仲介《ちゅうかい》した取引なのにさ、ぜんぶ自分の功績みたいにあちこちで自慢してるらしいんだよ」
B「ふんふん」
A「まったくひどいよ。こういうのを横取りって言うんだ。いや、ネコババだな！」
B「おいおい、酒がまずくなるからもうやめてくれよ、そんな話。愚痴ばっかり言うなって。おまえも案外、心が狭いんだなぁ」
A「な、なんだよその言い方。ヒドイな！」

辛辣《しんらつ》な批判や、呪詛《じゅそ》の言葉をなん時間にもわたって垂れ流されては、聞くほうは参ってしまうが、「ちょっといやなことがあった」ぐらいの愚痴であれば、どんどん聞いてあげたほうが相手のためになる。

愚痴を言うことで心のなかにたまってしまったネガティブな感情を放出し、スッキリした気持ちになれるからだ。

愚痴を聞くときに気をつけたいのはつぎの点である。

×非難する

「文句ばかり言うなよ」
「不満があるなら本人に言えよ」

×さえぎる

「そんな話、聞きたくねえよ」
「そんなことよりもっと大事なことがあるだろ」

相手にしてみれば、たいがい、自分でも愚痴を言うことは望ましくないことだとわかっている。だが、聞き手のほうからそれを伝えてしまうと、相手を傷つけるだけである。

×擁護《ようご》する、大ごとにする

「そんなこと言うけど、あの人にもいいところがあるよ」
「あの人だってたいへんなんだから、少しは大目に見てやらないと」
「あの人だって、そうしたくて～してるんじゃないよ」

人の愚痴はためこむと疲れるので、素通りさせる

などと、愚痴の対象になっている人物をへたに擁護するような発言や、

「仕事がつらくてね……」→「えっ、会社辞めるの？」

「最近、夫婦仲が悪くてね……」→「えっ、離婚するの？」

「まったくあの課長はさぁ……」→「おまえは課長の敵なんだな」

などと話をことさら大ごとにするのも禁物だ。

相手に気づかれないよう聞き流す

相手のためにもなる愚痴を聞くなら、こんなことに注意しながら聞いてあげるといい。

◎右の耳から左の耳へ

あまり深刻には捉えず、「そうなのか」「そうなんだ」などと適度に合いの手をはさみながらサラッと聞き流してあげる。相手は聞いてくれるだけで、十分に満足するはずだ。

そしてインプットされた愚痴話は、右の耳から左の耳へ素通りさせてしまうといい。「イヤな話を聞いたな」などとあなたが相手の愚痴を心にため込むと、だんだん聞いているのがイヤになってくる。

とくに人を批判するような愚痴である場合は、「あの人って、そういう人なんだ」などと、あなたまで影響を受けないように。

◎感情をリピートする

「そっかぁ、ムカついたんだ……」
「頭にきたんだね」
「迷惑だよね」
「それはひどいよね」
「たいへんなんだね」

このようにアドバイスや忠告をしようなどとは思わず、ひたすら聞くだけでいい。

◎OKダイアログ

A「なあ聞いてくれよ。まったくあの部長のやり方、ひどいんだよ」
B「ずいぶん、困ってるみたいじゃないか」
A「そうなんだよ。おれが仲介した取引なのにさ、ぜんぶ自分の功績みたいにあちこちで自慢してるらしいんだよ」
B「そりゃひどいね」［感情をリピート］
A「まったくひどいよ。こういうのを横取りって言うんだ。いや、ネコババだな！」
B「ほんとうだね。そりゃ頭にくるよね」［感情をリピート］
A「だろ？　それだけじゃないんだよ。この前もね……」

(4) 自分への怒り

「火に油を注ぐ」聞き返し方

遅刻常習犯のB。その日も取引先との大事な会議に遅刻してきた。なんとかその場はつくろったものの、おなじ会議に参加した同僚Aはかんかんに怒っている……。

×NGダイアログ

A「今日こそはちょっと言わせてもらうぞ！」
B「なんだよ」
A「なんだよじゃない！　遅刻のことだよ。今日でいったいなん度めなんだよ」
B「いいじゃないかよ、たったの五分だろ。問題なかったじゃん」
A「五分とか一〇分のことを言ってるんじゃないんだよ」
B「じゃあなんだよ、うるせえやつだな、まったく」
A「なに言ってんだよ！　そういうおまえの態度がムカつくんだよ」

B「うるせえよ、バカヤロウ！　黙って聞いてりゃ好きなこと言いやがって！」
A「なんだと！　ふざけるな！」（殴り合い寸前の口論になってしまった）

Bは、人格的にもかなり問題のありそうな受け答えで相手を怒らせてしまっている。自分に対して怒りの矛先《ほこさき》を向けている相手の話を聞くとき、聞き方をまちがえると、火に油を注ぐ結果となるので注意していただきたい。

×相手の言い分を聞かないうちに、言い訳をする

たとえば、遅刻をしたことで相手を怒らせているとき、

「出がけに電話がかかってきちゃって……」
「昨日も残業で疲れてて起きられなかったんだよ」

などと、ついつい言い訳を口にしてしまいがちだ。それが正当な理由であれば、なおさら反論したくなる。しかし、相手の言い分が終わらないうちに言い訳をすれば、よけいに相手を怒らせることになる。

×怒りで応える

うれしい話にはうれしい感情で返すと、喜びが増幅するのとおなじく、怒りには怒りで返すと、怒りの感情が増幅されて戻ってくる。

×相手を批判する、揶揄《やゆ》する

「おまえが時間に几帳面《きちようめん》すぎなんだよ」
「五分やそこらでケツの穴が小せえな」
「時間とカネに細かいヤツはモテないぞ」

怒りを短時間で消し去る法

うまい聞き方をすれば、怒りといえども、そう長くはつづかない。山火事がいずれ消えていくように、怒りも沈静化の方向へ向かっていくはずだ。
怒りの炎の延焼を防ぐために、つぎのようなポイントを心がけてほしい。

◎「沈黙」で受けとめる

多少芝居じみていてもいいから、シュンとした表情でうつむき、沈黙したまま相手の怒りを聞く。怒りに対しては視線を下に落とす「アイコンタクト」の技術が効果的だ。

さらに、「おれにはおれの言い分があるんだよ」と思っていても、けっして口に出してはいけない。

正当な言い分があるなら、相手が冷静さを取り戻すまでは沈黙を守り、うなずきだけで対処するようにしたい。

◎〝逆反省〟させるひと言

また、相手の怒りを素直に認め、受け入れるひと言をおすすめしたい。

相手のセリフが終わったとき、

「そんなに怒ってたんだ……」

と、ポツリと言ってみるのだ。これは、「リピート」や「言い換え」の技術だ。

「そんなに迷惑かけてたんだ……」

というのもいい。

これは言われてみると、ドキッとするセリフだ。

冷静さを失っていた状態から我に返り、自分の怒りを反省してしまうほどの効果がある。

「いや、怒ってたなんて……。ごめん、怒ってなんかないんだけどね」

など謝罪すらしてくるかもしれない。

◎教えを乞う

相手が上司であるなら、自分で二度とミスを犯さないための対処法を口にしながら、教えを乞う。

「では私はこれからこういうことに気をつけますが、なにかほかに気をつけるべきことがあれば教えていただけますでしょうか」

で、話をまとめてしまうのだ。

相手が完全に負けを認めてしまうと、怒りは急に冷めてしまうものである。

「二度とこんなことをしないために、教えてください」

というセリフは、よい意味で白旗を揚げることとおなじだ。

◎OKダイアログ

A「今日はちょっと言わせてもらうぞ！」
B「もしかして、遅刻のこと……？」
A「そうだよ。今日でいったいなん度めなんだよ」
B「………」（うつむいて沈黙）
A「いつもいつもおなじことばかりくりかえして！　まったくきみには反省ということができないようだな！」
B「……ごめん……」（うつむいて沈黙）
A「細かいことかもしれないが、こういう小さなことが、あとあと大きなミスにつながるんだ！　わかったか、バカヤロウ！」
B「……そんなに怒らせてしまったんだね……」（相手の怒りを言い換えの技術で素直に受け入れる）

A「えっ、いや、怒ってるていうか、そんなんじゃなくてさ。きみのためを思って言ってるんだよ」
B「もちろん僕だって反省してるよ。でも、昨日も夜中まで残業で、どうしても起きられなかったんだ」（相手の怒りを十分受けとめたうえで、自分の言い分を述べる）
A「ああ、そうなの？　まあ、そういうこともあるかもしれないけどさ……」（怒りが同情に変わりつつある）

(5) 趣味の話

興味がなくても、いい質問を投げかけよう

二〇代の部下と彼の上司が、ランチタイム中の社員食堂で居合わせた。上司とのコミュニケーションをつねに心がけている部下は、上司の席のとなりに座り、最近夢中になっている趣味について語りはじめた。

×NGダイアログ

部下「部長、ぼく最近、新しい趣味をはじめたんですよ。なんだと思います？」
上司「ん？　なんだね」
部下「ゴルフですよ！　ついにはじめることにしました。クラブも揃えたんですよ」
上司「ああそうなの。そんなムダ遣いしちゃって……」
部下「早く打ちっ放しに行きたいですよ〜。楽しみだなぁ！」
上司「まあ、いくら練習したって、いまさらタイガー・ウッズにはなれないけどね」
部下「部長はゴルフはやらないんでしたっけ？」
上司「いや、まあ、たまーにね。しかし、あんなもん考えてみたら、ボールをちっこい穴に入れて勝った負けたなんてさ、ばかばかしいと思うよ」
部下「そうですか……」
上司「それにほら、きみは知らないと思うけど、ゴルフ場の農薬散布ってひどいんだよ。まるで毒薬の上を歩き回ってるようなものなんだから」
部下「はあ……」（ゴルフの話をする気をなくしてしまった）

人が自分の趣味の話題を持ちかけてきたとき、それはかならず当人にとって「楽しい話題」だといえる。もしあなたもおなじ趣味を持っていれば、会話は自然に盛りあがるだろう。技術など使わなくても、どんどん相手から話題を引きだすことができるはずだ。

ところが問題は、自分とはちがう趣味や、自分にはまったく興味も関心もない趣味の話題を持ちかけられたときである。

あなたは趣味の話題を聞くとき、つぎのような聞き方で相手の気分を損ねてはいないだろうか？　チェックしてみてほしい。

×無関心なボディランゲージ

「おれの興味のないことをベラベラしゃべるなよ」などと思いながら話を聞いていると、自ずとそれは表情になって表れてくる。相手の目を見なかったり、腕組みでブロックしてしまったりなどと、あらゆる否定的なボディランゲージが出てくる。

×愛想のない「相づち」

「ふーん」

「あっ、そう」

×自分の趣味の話にすりかえる

たとえばゴルフの話題を持ちかけている相手に対して、「いや、おれなんかこの前、釣りに行ってさ……」などと、相手の話を十分に聞きだす前から、自分の趣味の話をはじめてしまうのも悪いクセだ。こういう聞き方が相手に伝えるメッセージは、「おれの趣味のほうがもっと高級なんだ！」ということである。

×知ったかぶり

男性が陥りがちなのが、ほんとうはよく知りもしないくせに、負けず嫌いの心理が働き、〝知ったかぶり〟をして、わかったようなことを言うパターンだ。

「ゴルフ？　ああ、タイガー・キッズって強いよね」（まちがってる！）

「テニス？　ああ、ぼくはビヨン・ボルグは最高だと思うね」（古い！）

×批判

もはや言うまでもないだろうが、いちおうあげておこう。

「バス釣りといえば、ブラックバスって有害魚なんでしょ？」
「巨人が好きなの？　あれだけカネで選手を買ってくれれば、優勝して当たり前だよ」

どんな趣味でも楽しく聞ける技術

たとえあなたがその趣味にまったく興味や知識がなくても、相手の気持ちに「共感」してあげることがよい聞き方になる。

◎趣味の話には好意的なミラーリングで返す

相手が趣味の話題を振ってくる。表情は明るく楽しそうなはずだ。そこでまず、あなたができることは、「ミラーリング」によって、相手に楽しい表情を返してあげることだ。

それをずっとつづけるのは無理があるというなら、最初の一瞬だけでも「へえ～！」「ふ～ん！」「そうなの？」などの相づちとともに、笑顔で聞いてあげるだけでいい。

◎平凡でもいいから質問を投げかける

なにか気の利いた受け答えや鋭い質問をしようなどと考える必要はない。相手はあなたにただ楽しい話を聞いてもらいたいだけなのである。

たとえば、ゴルフ好きの上司が話し手で、ゴルフには興味がない部下が聞き手のときには、こんな質問が効果的だ。

「どのくらいやってらっしゃるんですか?」

「最近はどちらのコースへ行かれたんですか?」

◎「ビジョン」を使う

ゴルフの話題であれば、

「どのコースがいちばんお好きなんですか?」

「ベストスコアはどれくらいなんですか?」

「ゴルフの醍醐味《だいごみ》ってなんでしょう?」

「定年後は大橋巨泉みたいに悠々自適《ゆうゆうじてき》にゴルフ三昧《ざんまい》ですね?」

などと聞けば、相手に楽しいビジョンを思い描かせることもできるだろう。

「今までの最低スコアは?」

などと、ユーモラスな雰囲気でわざと失敗談を聞きだし、相手をなごませながら話を引きだすことも使えるテクニックだ。

趣味の話を持ちかけてきた相手は、もしかしたらあなたとビジネスの関係を超えた人間的なつながりを持ちたくて、趣味の話をしたがっているのかもしれない。

そう考えれば、すげない返事で返したり、興味のなさをあからさまに示したり、相手の趣味を批判したり、けなしたりすることがどんなに相手を傷つけることなのか、おわかりいただけるだろう。

相手の趣味の話を引きだすだけで、新しい人間関係、よい人間関係が築ける。そう自覚することで、自ずと話の聞き方は変わってくるだろう。

◎OKダイアログ

部下「部長、ぼく最近、新しい趣味をはじめたんですよ。なんだと思います?」

上司「ん? なんだい、ずいぶん楽しそうじゃないか」

部下「そうなんですよ、ゴルフなんです！ ついにはじめることにしました。ボーナス払いでクラブも揃えたんですよ」
上司「へぇー！ いいねえ、新しいクラブか。うらやましいねぇ」［共感］
部下「早く打ちっ放しに行きたいですよ〜。楽しみだなぁ！」
上司「コースに出なくとも、打ってるだけで気持ちいいからなあ」［共感］
部下「そうですよね。でも、いつかはコースに出てみたいですよ」
上司「そうだね、コースは最高だよ。きみならまだ若いから、プロも狙えるんじゃないの？」［ビジョン］
部下「そうですかねぇ〜！」
上司「ああ、プロは無理でも、うちの営業所ではナンバーワンも夢じゃないだろ」［ビジョン］
部下「じゃあ、まずそれを目標にがんばってみますよ！」（ゴルフがますます楽しみになってきた）

(6) 家族の話

家族の話は「されてうれしい」質問

仕事を通じて知り合った相手と世間話をしている。徐々に親しい関係になってきた相手どうしだ。まだ若く独身の聞き手が、家族持ちの相手から話を聞いているのだが……。

×NGダイアログ

A「お子さん、おいくつですか?」
B「もう六年生だよ。来年は中学生。早いねぇ」
A「中学といえば、最近の少年犯罪とか心配じゃないですか?」
B「うーん、うちの子はだいじょうぶだと思うけど」
A「そうかなぁ、家ではいい子でも、外でなにやってるかわかんないじゃないですか」
B「ま、まあね……」(イヤなこと言うやつだなあ)

「聞く技術」の観点からみれば、原則的に家族・家庭についての話題は、「されて楽しい質問」の範疇《はんちゅう》に入る。家族の話をするのは、どこか照れくさいという人も、「ウチのカミさんときたら……」「ウチのガキが……」などとボヤきながら、結局は奥さんや子供の自慢話になっていることが多いのではないか。

その心理がよくわからない独身者は、相手の話に乗ってしまいがちである。

×悪口に共感

「うちの女房がケチでね」→「それは最低ですね！」

「うちの子どもが言うこときかなくてね」→「根性を叩き直したほうがいいですよ」

家族の悪口は、自分から言うぶんにはともかく、他人に言われるのは気分が悪いものだ。「いやぁ、結婚なんてするもんじゃないね」とボヤく上司に、「だからぼくは結婚したくないんですよ」と「言い換え」の技術で、相手への共感を示すのもかなり危険かもしれない。

×相手が不安になるような聞き方

「職場不倫とか心配ですよね」（夫婦共働きの相手に）

「今はかわいいですけどね」（子供が生まれた相手に）
「大学卒業するまでに、いったいいくら金がかかるんですかね」（子供が小学校に入学した相手に）

×大きな質問

「奥さんとは、どうなんですか？」
「娘さんのほうはいかがなんですか？」

本心を言い換えてあげる

相手が、家族に対する否定的なセリフを口にしたとき、あえて〝反論〟することによって、相手の本心を「言い換え」てあげるといい。

「ウチの女房ときたら……」
↓
◎「そんなことおっしゃいますけど、いい奥さんだってうかがってますよ」

「ウチのガキときたら……」

↓

◎「でも、子供ってかわいいじゃないですか？」

無理強いはしない

もし、あなたが家族や家庭の話を引きだそうとしたとき、相手の表情が曇ったり、口ごもったりしたときには、それ以上深入りするのは避けたほうが無難だ。

ビジネスの関係でつき合っている人であればなおさら、つねに相手には〝仕事の顔〟と〝家庭の顔〟の二面性があることも知っておいたほうがいいだろう。

逆に、家族や家庭の話を上手に聞いてあげることによって、〝仕事の顔〟以外の相手の内面を引きだすこともできるといえる。

また相手が家族の話を口にすることは、あなたに親しみを持っている証拠でもある。ビジネスの関係を超えて、相手と親しくなれる大きなチャンスだと考えてもいいだろう。

◎OKダイアログ

A「お子さん、おいくつですか？」

B「もう六年生だよ。来年は中学生。早いねぇ」
A「一二歳ぐらいって、けっこう大人ですよね」
B「そうなんだ、もうちっとも口きいてくれないんだよ」
A「そりゃあさびしいですね。でもそうは言っても、成長していくのを眺めるのって、うれしいものじゃないですか？」［相手の本心を言い換えてあげる］
B「そうなんだよ！　じつはね、この前も……」

(7) 仕事の話

ビッグ・クエスチョン&暗い話題をやめてみよう

食品メーカー勤務のAが、取引先のスーパーの担当者Bを誘って飲みに行くことになった。酒席をともにするのは初めてのことだが……。

×NGダイアログ

A「Bさんの会社、最近どうです？」
B「いやぁ、ウチ？　やっぱりいま、流通関係はどこもキビシイからねぇ……」
A「ああ、やっぱりそうですか！」
B「会社のトップは組織改革だなんだとか打ちだしてますけどね、現場レベルじゃぜんぜんですよ。旧態依然でね、なにもわかっちゃいないんだ」
A「やはりあの、希望退職を募《つの》るような動きも……？」
B「ええ、まあね。そういうこともね、現実問題としては……」
A「Bさんの年齢ぐらいがいちばん狙われるでしょう。イヤなものですねぇ」
B「はぁ……そ、そうですね」（話しているうちに〝お先真っ暗〟という気持ちになる）

男どうしの会話で、もっともひんぱんに登場するのが仕事関係の話だろう。

もちろん仕事の話がよくない、というわけではない。

仕事の話は相手との関係を深める〝とっかかり〟でもある。

聞く技術によって相手から仕事の話を引きだすとき、注意したいポイントはつぎの通りだ。

×大きな質問

本書でくりかえし述べてきた「大きな質問＝相手が答えにくい質問」をあいさつ代わりのように口にしてしまう男性が少なくない。

たとえば、「最近、どうですか？」と聞かれて、「最高ですよ、絶好調！」と答える人は少ないだろう。

どちらかというと「つらい」「キビシイ」「苦しい」などのネガティブな反応が返ってくる。

おたがいに仕事を持つ身であれば苦労したり不満を抱えているのは当然のこと、との前提があるだろうし、ネガティブな感情を分かち合うことによって「共感」し合いたいというメカニズムが働いているからである。

しかし、会話はどんどんネガティブな方向へと向かってしまうので、あまり望ましいものではない。

×暗いビジョン

「銀行や証券会社なんて昔は安泰だったのに、今はねえ？」

「リストラの波が押し寄せていますからねぇ」

「いやいや、明日はわが身ですなぁ……」

とにかく〝ポジティブ〟に展開していこう

あなたがビジネスマンであるのなら、景気の厳しさや仕事のつらさなど、いまさら話題にしなくても身にしみてわかっていることだろう。

グチや暗い話もたまには悪くないだろうが、もう少し前向きに〝仕事のことを気持ちよく語り合う〟ための技術をぜひとも覚えていただきたい。

◎仕事に関するポジティブな面を引きだす

「最近、力を注いでるプロジェクトは？」
「仕事でいちばんやりがいを感じるのはどんなとき？」
「最近、心のなかでガッツポーズしたことはある？」

などの、相手が少しでも積極的な気持ちで答えられる聞き方をする。

少々照れくさければ、「今日は暗い聞き方はすまい」と心に留めておくだけでもいい。

◎夢のある「ビジョン」を見せる

「今度の仕事が大成功したら、社長はなんて言うでしょうね？」

「田中さんが社長になるとしたら、どんな会社にしたいですか？」

「今度の商品、一〇〇万台売れちゃったらどうします？」

「今度の企画、ワイドショーが取材に来ちゃうかもしれないですよね？」


など、相手に明るいビジョンを見せてあげるようにする。「そうだなぁ……」と一瞬でも答えを考えてくれれば、成功したも同然だ。

明るい夢や希望というものは、少し現実離れしているくらいのほうが、楽しい空想やビジョンとして思い描かれるからである。

◎OKダイアログ

A「Bさん、最近仕事で〝やった！〟なんて思ったことあります？」［ポジティブな面を引きだす質問］
B「いやぁ、どうだろうねぇ。いま、流通関係はどこもキビシイからねぇ……」
A「でも、なにかあるんじゃないですか？　うれしかったこと」

B「そうねぇ……。ああ、そういえばつまらない話なんだけど、この間店長からこんなこと言われたよ。〝君の提案した販売企画は斬新《ざんしん》だ〟ってね。本心はどうかわからないけどね……」

A「そんなことないですよ、ヒット企画になるかもしれませんよ」

B「そうかなぁ……」

A「ええ。大成功して一気に役員か社長になっちゃったりしたらどうします？」（夢のある「ビジョン」を見せてあげる）

B「え、まさかぁ。でもほんとうのところ、私はあの企画にすごく自信を持っているんですよ。というのはですね……」（相手から明るい未来、希望あるビジョンを引きだすことができた）

6章のポイント

◎「うれしい話」を聞くとき↓気のない相づち・警告などを避ける、うれしい感情をミラーリングする

◎「悩み」を聞くとき↓評価・当てはめ・無視を避ける、同情ではなく共感する

◎「愚痴」を聞くとき↓非難・さえぎりなどを避ける、気づかれないように聞き流す、リピートする

◎「自分への怒り」を聞くとき↓怒り・批判・揶揄を避ける、沈黙、視線を下に落とす、リピートや言い換えを使う、教えを乞う

◎「趣味の話」を聞くとき↓無愛想・すりかえ・知ったかぶり・批判を避ける、ミラーリング・相づち・ビジョンを使う

◎「家族の話」を聞くとき↓悪口に共感しない、相手が不安になるような聞き方をしない、相手の本心を言い換えてあげる、無理強いはしない

◎「仕事の話」を聞くとき↓ポジティブな面を引きだす、ビジョンを使う

エピローグ

ビジネスマンであればだれしも日々経験しているであろう、「仕事の話の聞き方」の節を引きついで、本書を締めくくりたい。

人はなぜ、なにかといえばネガティブな話を持ちだしたがるのだろうか。どうしてつまらない質問ばかりして、相手を暗い気持ちにさせてしまうのだろうか。

つまり、なぜ「暗い聞き方」しかできないのであろうか。

ネガティブな話題を口にすることは、それはそれで格好のストレス発散になる。語ることでカタルシスを得られるのであれば、むしろネガティブな話をどんどん引きだしてあげるのもいい。

ただ、そんなときでも、話の結末として、

「でもまあ、明日は明日。がんばっていきましょうよ」

などの、ひと言を導く会話が別れ際にでもあれば、相手は、

「今日も一日たいへんだったけど、なんだか明日もがんばれそうだ！」

という気分で家路につくことができるだろう。これまで紹介してきた「聞く技術」を使

って、少しでも明るいビジョンを見せてあげることができれば、相手はもっともっといい気分になれる。

そして、

「話を聞いてもらえてよかった」

「たくさん話ができてよかった」

という相手の気持ちは、そのままあなたへのよい印象と結びついていくのである。

たったひとつの「よい質問」が、相手の気持ちを大きく変化させ、ポジティブな方向へと突き動かす。「よい質問」をするだけで、相手に明るいビジョンを見せ、希望のある未来へと導いていくことができる。

相手の言うことをただ親身に、誠実に聞いてあげるだけで、相手は「自分を受け入れてもらえた」という気持ちになれる。そしてそれが、自信につながり、自分の足でしっかりと歩んでいけるようになる。

あなたは素晴らしい人間関係を築くために、そして人生における成功をおさめるために、相手をおもしろがらせたり、楽しませたり、感心させたり、有益な話題を提供しようなどと、もう頭を悩ませる必要はない。ただ、相手の話にじっくり耳を傾けるだけでいい。

「聞く技術」を駆使して話題を提供し、相手の内面を引きだし、受けとめてあげるだけでいいのである。

「聞く技術」に沿った会話をすることに、最初はやや照れくささや抵抗感があるかもしれない。「聞く技術」を持たなかったこれまでのあなたの限界や殻を破り捨て、新しい人間関係を築いていこうとするとき、多少の戸惑いはつきものだ。

しかし、「聞く技術」はこれまでの人間関係をよい方向へと変えていくだけでなく、これから出会うすべての人との関係を素晴らしいものにしてくれる。相手にもあなたにも、ポジティブなエネルギーがあふれだしてくる。あとは実行に移すか、あるいは及び腰になって、いままでのあなたのままでいるかのどちらかしかない。

「自分が変わろう。新しい自分になってみよう」と思えるようになったとき、「聞く技術」は驚くべき成果をあなたに与えてくれるだろう。

「聞く技術」——これほど強くて素晴らしい武器が今のあなたには備わっていることを、どうかいつまでも忘れないでいただきたい。

二〇〇一年一月　光文社刊

知恵の森
KOBUNSHA

「聞《き》く技術《ぎじゅつ》」が人を動《うご》かす
ビジネス・人間関係を制する最終兵器

著　者――伊東　明（いとう あきら）

2003年　5月15日　初版1刷発行
2011年　6月15日　　4刷発行

発行者――古谷俊勝
印刷所――豊国印刷
製本所――ナショナル製本
発行所――株式会社 光文社
東京都文京区音羽1-16-6 〒112-8011
電　話――編集部(03)5395-8282
書籍販売部(03)5395-8113
業務部(03)5395-8125
メール――chie@kobunsha.com

ISBN978-4-334-78217-7　Printed in Japan

71464-2
aあ2-1

荒俣《あらまた》 宏《ひろし》

眼で解く推理博覧会
図像探偵
文庫書下ろし

飛行機のない時代に、富士山の鳥瞰図が!? 蒐集した古今東西の稀覯本から百点以上の図像を選び、鬼才アラマタの《眼》が推理する。奇想天外、空前絶後の図像綺譚。

720円

78505-5
tい4-1

池波正太郎《いけなみしょうたろう》 編

酒と肴と旅の空

「単なる食べ歩きなどに全く関係がない文化論」と編者・池波正太郎が表わす世界の美味と酒をテーマにした名エッセイ二十四編。開高健と阿川弘之の対論「わが美味礼讃」も収録。

740円

78426-3
aい6-1

石井《いしい》 裕之《ひろゆき》

「何となく」が行動を左右する
コミュニケーションのための催眠誘導

「何となく」の印象で人の行動は決まる。見かけはそれほどではないのに、「何となく」他人が惹きつけられる。その違いは？ 「潜在意識」によるコミュニケーション法。

580円

78339-6
aい5-1

石原《いしはら》 結實《ゆうみ》

婦人病、慢性病からガンまで！
病《やまい》は〝冷え〟から

ほとんどの病気は「体温の低下がもたらす生活習慣病」であり、体を冷やす生活習慣を改善すれば防ぐことができる。理論と実践の原典、加筆文庫化。

580円

78550-5
tい6-2

インフォペディア 編

日本全国「鉄道」の謎
文庫書下ろし

◎キヨスクとキオスク、どっちが正しい？◎山手線も大阪環状線も本当は環状ではない？ 路線や時刻表の謎、職員への素朴な疑問まで、初心者もマニアも楽しめる雑学満載！

720円

78552-9
tい6-3

インフォペディア 編

飛鳥・大和・奈良
古代史の謎を巡る旅
文庫書下ろし

纒向（まきむく）遺跡、石舞台古墳、法隆寺、東大寺…。古都・奈良とその周辺の遺跡や寺社を巡りながら、古代史の謎を徹底解説。この一冊で、旅が知的興奮に満ちたものになる！

700円

78156-9
aえ1-2

エンサイクロネット 編

今さら他人《ひと》には聞けない疑問650

一度とりつかれると、答えを知りたくてたまらなくなる疑問、愚問、珍問、難問。その答えは、高尚すぎて、くだらなすぎて誰も教えてくれない。『ナゼだ!?』改題。

720円

78529-1
aえ1-10

エンサイクロネット 編

すべてがうまくいく「裏ワザ大全」550＋α

文庫書下ろし

◎今どき年利8％も儲かる利殖の裏ワザ◎一束たりともムダにしない野菜保存術◎たった14円で肩凝りを治すワザ…家庭で、会社で使える！　究極の「裏ワザ」オンパレード！

720円

78542-0
aえ1-15

エンサイクロネット 編

人を動かし、気持ちを読む「心理ワザ」大全

文庫書下ろし

◎無理な頼みごとをOKさせるワザ◎集中力を高める自己コントロール法◎女性の「その気」を見逃さないポイント…トラブルやピンチの脱出にも役立つ、究極の心理ワザを満載！

680円

78556-7
aえ1-14

エンサイクロネット 編

あなたの「常識」がぶっ壊れそうになる本

文庫書下ろし

◎クリスマスはキリストの誕生日ではない。◎イチゴの表面のツブツブは種ではない…。誰もが何となく信じている常識のウソを、蘊蓄たっぷりにくつがえす、驚愕の雑学本！

740円

72789-5
aお6-1

岡本《おかもと》 太郎《たろう》

今日の芸術

時代を創造するものは誰か

「今日の芸術は、うまくあってはならない。きれいであってはならない。ここちよくあってはならない」—時を超えた名著、ついに復刻。（序文・横尾忠則　解説・赤瀬川原平）

520円

78378-5
bお6-1

沖《おき》 幸子《さちこ》

ドイツ流　掃除の賢人

世界一きれい好きな国に学ぶ

文庫書下ろし

心地よい空間を大切にするドイツ人は掃除上手で、部屋はいつも整理整頓が行き届いている。著者が留学中に学んだ「時間も労力もかけないシンプルな掃除術」を紹介する。

660円

78423-2
bお6-3

沖 幸子

世界一無駄のない国に学ぶ
ドイツ流 暮らし上手になる習慣
文庫書下ろし

好評ドイツ流シリーズ第三弾のテーマは暮らし。「節約は収入と同じぐらい大切」（ドイツの諺）。無駄のない合理的な生活の知恵を通して居心地のいい住まいづくりを紹介。

660円

70979-2
bお1-1

沖《おき》 正《まさ》弘《ひろ》

心も体も、健康になる、美しくなる
ヨガの喜び

(1)頭はいつもスッキリ。(2)動作が敏捷に。(3)スポーツや楽器演奏が抜群に上達する。(4)自信が湧く。(5)美しくやせて、健康に。あなたの生活は驚くほど変わっていく。

540円

78392-1
cた12-1

橘《きつ》田《た》 規《ただし》
髙松《たかまつ》 志《し》門《もん》

小さくても老いても飛ばせる
非力のゴルフ

小柄であまり腕力のない日本人プロゴルファーでも海外で通用するのはなぜか？ グリップ、アドレスからフィニッシュまで、日本人向きの打法があるのだ。

540円

78151-4
aき2-6

邱 永漢

お金の貯まる人はここが違う

お金儲けのやり方は、時代とともに考え方を変えないと通用しないが、「お金の貯めかた」の原則は、いつの世になっても変わらない。逆風の時代のための、お金の貯まる考え方。

520円

78532-1
aこ2-2

高《こう》 信《しん》太《た》郎《ろう》

笑っておぼえる韓国語
まんが ハングル入門

お隣の国の言葉を覚えよう！ 基本的な子音から、現地レベルの会話まで、「まんが」だからわかりやすく、笑って自然に覚えられる、日本で一番やさしいハングル入門書。

680円

78538-3
aこ2-3

高 信太郎

楽しく学んで13億人としゃべろう
まんが 中国語入門

中国語は漢字を使っているから、視覚から入れば覚えやすい。だから「まんが」で勉強しよう！ 初歩のあいさつから簡単な会話まで、笑って読むうちに自然に覚えられる！

680円

78154-5
aさ2-5

佐高《さたか》 信《まこと》

「歴史と人間」をどう読むか

司馬遼太郎と藤沢周平

同じ人物を描きながら、全く違う視点を持っていた司馬遼太郎と藤沢周平。戦後を代表する二人が描こうとした日本と日本人とは何だったのか。日本人の生き方に迫った意欲作!

540円

78152-1
bし2-1

塩月弥栄子《しおつきやえこ》

人をひきつけ自分を活かす

上品な話し方

身につけた品位が、話し方に品格を感じさせるのであって、カクアルベシという型にはまった「お上品」をするのは、むしろ逆の結果になる。「言葉の立ち居振舞い」集。

480円

78497-3
tし1-2

白洲 正子

選ぶ眼 着る心

きもの美

「粋」と「こだわり」に触れながら、審美眼に磨きをかけていった著者。「背伸びをしないこと」「自分に似合ったものを見出すこと」。白洲正子流着物哲学の名著。 (解説・髙田倭男)

700円

78527-7
tた4-1

立川談四楼《たてかわだんしろう》

声に出して笑える日本語

アナウンサーの致命的な言い間違いから、落語の味わい深いセリフまで。集めに集めた「笑える日本語」のオンパレード。しかも確実にタメになる傑作エッセイ。『日本語通り』改題。

740円

78536-9
tた4-2

立川談四楼

文庫書下ろし

もっと声に出して笑える日本語

「あいつは凄ぇよ、体からオーロラが出てる」「ただいま地震が揺れています!」有名人の迷言、珍言から街で拾った言い間違い・勘違いまで必笑の新ネタ満載。渾身の書き下ろし!

760円

78379-2
cた11-1

谷口《たにぐち》 尚規《ひさのり》 著
石川《いしかわ》 球太《きゅうた》 画

火のおこし方から、イカダの組み方まで

冒険手帳

◎小石や木の枝を使った通信法◎腕時計を使って方角を知るには◎砂漠で水を得る方法—刊行時、当時の少年たちの冒険心を刺激しまくった名著、待望の復刊!

760円

78169-9
cた8-1

田原《たはら》 紘《ひろし》

技術は後からついてくる
考えるゴルフ

ゴルフ上達の道は、常識を疑え、情報を収集せよ、幻想を捨てよ…。初ゴルフから一年二カ月でシングルになった著者ならではの「頭の技術」を的確に解説。

500円

78005-0
bた2-1

ダライ・ラマ十四世
石濱裕美子《いしはまゆみこ》 訳

心は死を超えて存続する
ダライ・ラマの仏教入門

「重要なことは、毎日意味のある人生をおくること、私たちが心に平和と調和をもたらそうとすること、そして社会に対して建設的に貢献することなのです」（「まえがき」より）。

520円

78463-8
tつ1-1

鶴見《つるみ》 紘《ひろし》

白洲次郎の日本国憲法

吉田茂首相の右腕としてGHQと対峙し、新憲法制定に深く関わった白洲は、日本国憲法をどう考えていたのか。そしてその舞台裏では？ 戦後復興の秘話と魅力ある人物像。

580円

78459-1
aて1-3

手塚 治虫

手塚治虫のブッダ救われる言葉

幸福な生き方とは？ 真の人間らしさとは？ 生命の尊さとは？ 巨匠・手塚治虫が十二年間かけて描いた『ブッダ』の作品中から、勇気を与え、心を癒してくれる言葉を集大成。

580円

78223-8
cな1-1

中野《なかの》 雄《たけし》 ほか

スジガネ入りのリスナーが選ぶ
クラシック名盤この1枚

プロの演奏家、制作者、評論家から、ジャーナリスト、アマチュア音楽家、実業家、教員、普通の会社員まで、「生きる糧」として聴きぬいてきた選りすぐりの名盤。

1400円

78522-2
tふ2-1

ベティ・L・ハラガン
福沢《ふくざわ》 恵子《けいこ》
水野谷《みずのや》悦子《えつこ》 共訳

誰も教えてくれなかった女性の働き方
ビジネス・ゲーム

ビジネスをゲームと定義し、仕事のこなし方、お金、人間関係ほか、企業社会での秘訣を伝える。全米で100万部のベストセラーとなった「働く女性のためのバイブル」。（解説・勝間和代）

680円